냄비 하나로 뚝딱 만드는 초간단 레시피
마법의 파스타

무라타 유코 지음
조민정 옮김

심플한 크림 소스 →10쪽
Sauce à la crème fraîche

만들기 쉽고 맛도 좋은
마법의 파스타
Introduction

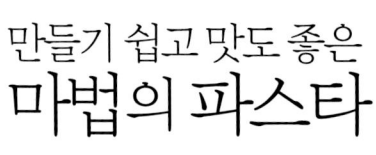

파스타는 이탈리아의 소울 푸드이지만,
사실은 이웃 나라 프랑스에서도 상당히 인기 있는 요리입니다.
나이프와 포크로 짧게 잘라 먹거나
알 덴테(파스타가 씹는 맛이 날 정도로 살짝 덜 익은 상태로 이탈리아인이 좋아하는 요리법)에
특별히 구애받지 않는 등
프랑스인은 조금 독특한 방식으로 파스타를 즐기는데,
그런 프랑스에서 요즈음 유행하는 파스타가 있습니다.
바로 pâtes magiques나 pasta magiques라고 불리는
'마법의 파스타'입니다.

만드는 방법은 무척 간단합니다.
냄비 하나에 파스타 면과 부재료, 소스를 모두 넣고
같이 삶기만 하면 끝.
설거지도, 드는 수고도, 조리 시간도 모두 줄일 수 있으니 일석삼조랍니다.
그렇다면 맛은 어떨까요?

맛 또한 환상적입니다.
파스타와 소스가 잘 어우러져서 맛에 일체감이 있고,
일반적인 건면에는 없는 쫄깃쫄깃한 식감을 느낄 수 있어요.
실패할 확률도 거의 없으며,
오히려 일반적인 방법으로 만들 때보다 훨씬 맛있는 파스타가 완성됩니다!

지금부터
풍부한 색감으로 화려하고 멋진
프랑스풍 파스타 50가지의 레시피를 소개합니다.
평소 식사로, 혼자 먹는 점심으로, 홈 파티의 메뉴 중 하나로
멋지게 활약할 요리임이 틀림없어요.

이탈리아인이 보면 버럭 화낼지도 모른답니다.
그래도 만들기 쉽고 맛도 좋으니
이 얼마나 멋진 일인가요?

조리하기 전에
Avant la cuisson

특별한 도구와 재료는 하나도 필요하지 않아요.
집에 있는 냄비 하나면 충분하답니다.
지금부터 파스타를 맛있게 만들기 위한 비법을 소개합니다.

냄비

롱 파스타 면을 자르지 않은 상태로 넣고 싶으면 지름이 26cm 이상인 냄비를 써야 합니다. 특히 오벌(타원형) 냄비를 사용하면 롱 파스타 면을 넣기 쉬워요. 반드시 뚜껑이 있는 것을 사용해야 합니다. 작은 냄비를 사용할 경우, 롱 파스타 면이 들어가지 않으면 반으로 잘라 넣으세요.

파스타

취향에 맞는 파스타를 사용하세요. 삶는 시간은 파스타 포장지에 나와 있는 표시를 기준으로 합니다. 물에 담그는 시간과 삶는 시간은 13쪽의 표를 참조하고, 비슷한 것을 보면서 유추하면 됩니다. 오른쪽 사진처럼 두꺼운 면도 마법의 파스타에 잘 어울린답니다.

토마토 캔

토마토 하나가 통째로 들어 있는 '홀 토마토'가 더 맛있으므로 주로 홀 토마토를 사용하는데, 냄비에 넣기 전에 큼직큼직하게 썰어 두어야 합니다. 캔에 깍둑썰기로 들어 있는 '다이스드 토마토'의 경우는 그대로 사용합니다. 취향대로 골라 쓰세요. 2인분이라면 1/2캔(200g) 밖에 사용하지 않으므로 남은 것은 지퍼백에 넣어 보관하기 바랍니다. 냉장이면 2~3일, 냉동이면 2주 정도 보관할 수 있습니다.

올리브유

엑스트라 버진 올리브유를 사용합니다. 마음에 드는 것을 골라 사용하세요.

화이트와인

비싼 와인을 쓸 필요는 없어요. 적당한 가격대의 와인을 쓰면 됩니다.

버터

무염 버터든 가염 버터든 상관없습니다. 선호하는 버터를 골라 사용합니다.

생크림

유지방분 45%인 생크림이면 진한 맛을 낼 수 있지만, 35% 정도도 상관없습니다.

치킨 스톡

'콘소메'라고도 부릅니다. 스톡 1/2개는 분말 수프 1/2작은술로 대체할 수 있습니다.

치즈

마무리 단계에 사용하는 것은 주로 곱게 간 '파르미지아노 레지아노'입니다. 가루 치즈라도 상관없어요.

마늘

일반적인 마늘입니다. 칼자루를 이용해 2~3회 빻아서 사용합니다.

차례
Sommaire

10 기본 조리법
    심플한 크림 소스
    Sauce à la crème fraîche

14 그 밖의 기본 소스
    심플한 토마토 소스
    Sauce tomate

    알리오 올리오 페페론치노
    Ail, huile et piment

    레몬 버터 소스
    Sauce au beurre

    까르보나라
    Carbonara

4   만들기 쉽고 맛도 좋은 마법의 파스타
6   조리하기 전에
12 자주 하는 질문
13 파스타별 삶는 시간과 물의 양

※ 잘 어울리는 사이드 메뉴

21 베이컨 대파 크루톤
27 회 카르파초 토마토 소스
35 스터프트 에그
41 양송이버섯 파르시
45 오이와 민트 요거트 샐러드
53 래디시 핑크 피클
59 망고와 생햄 샐러드
66 붉은 강낭콩 마리네
67 후르츠와 견과류 카망베르 카나페
70 무와 햄 밀푀유
71 비스마르크풍 그린 아스파라거스
74 당근 라페
75 루콜라와 생햄 샐러드, 발사믹 드레싱

 채소가 주인공인 마법의 파스타

18 콜리플라워 까르보나라
    Brocolis et chou-fleur
20 유채버섯산초나무순 오일 소스
    Fleurs du viol et pousses de bambou
22 양배추와 참치 안초비 버터
    Choux au thon
23 감자와 꼬투리강낭콩 제노베제
    Pomme de terre et haricots
24 아보카도와 게 토마토크림 소스
    Avocat au crabe
25 아보카도와 만가닥버섯 까르보나라
    Avocat et shimeji
26 얇게 썬 채소 까르보나라
    Carottes et courgettes
28 프로방스풍 가지와 베이컨
    Aubergines et bacon
29 연근과 표고버섯 카레버터 소스
    Racines lotus et shiitake
30 화이트 아스파라거스 고르곤졸라 크림
    Asperges blanches
31 그린 아스파라거스와 새송이버섯 치즈버터
    Asperges vertes
32 호박 파슬리 버터
    Citrouille
33 오크라와 방울토마토 코코넛크림
    Gombos et tomates
34 파프리카 아라비아타
    Paprika
36 라따뚜이풍 뿌리채소
    Légumes racines
37 아히요풍 참마와 잎새버섯
    Igname de Chine et maitake

 고기가 주인공인
마법의 파스타

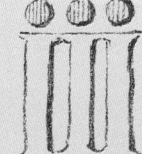 어패류가 주인공인
마법의 파스타

38 생햄과 적양배추 레드와인 크림 소스
Jambon cru et chou rouge

40 나바린풍 소금돼지 흰 강낭콩
Navarin

42 삼겹살과 배추 유자 후추 오일 소스
Porc au chou chinois

43 소시지와 햇감자 까르보나라
Saucisses et pommes de terre de primeur

44 모로코풍 양고기와 가지
Pâtes Marocain

46 베이컨과 방울토마토 알리오 올리오
Bacon et tomates cerises

47 닭고기와 순무 알리오 올리오
Poulet aux navets

48 초리소와 콩채소 오일 소스
Haricots au chorizo

49 소시지와 당근과 완두콩 오렌지 버터 소스
Saucisses, carottes, petits pois

50 미니 미트볼 콘크림 소스
Petites boulettes de viande

51 스트로가노프풍 소고기와 버섯
Bœuf aux champignons

52 돼지 안심과 양송이버섯 머스터드 크림 소스
Filet mignon de porc aux champignons

54 카르네풍 칠리 콘
Chili con carne

55 미트 소스
Sauce à spaghetti à la viande

56 새우와 주키니 레몬크림 소스
Crevettes et courgettes

58 아쿠아파차풍 금눈돔
Poisson à l'eau folle

60 부야베스풍 고등어와 대파
Maquereaux et oignons verts

61 명란 버터 파스타
Œufs de morue

62 대구 감자 파슬리 크림 소스
Morue aux pommes de terre

63 연어와 소송채 갈릭 버터 소스
Saumon et komatsuna

64 해산물과 말린 토마토 스파게티
Fruits de mer et tomates séchées

65 가리비와 완두콩 새싹 알리오 올리오
Coquilles Saint-Jacques et pousses de pois

68 잔멸치, 꽃새우, 풋고추 알리오 올리오
Shirasu, crevettes, piments verts

69 문어와 파프리카 토마토 소스
Poulpe au paprika

72 굴과 시금치 크림 소스
Huîtres aux épinards

73 성게와 콜리플라워 크림 소스
Oursin et chou-fleur

마법의 면

76 다진 닭고기 팟타이
Pad Thaï

77 잡채
Japchae

77 국물 없는 탄탄면
Nouilles DanDan
Mian à la Sichuanaise

* 일러두기
• 재료는 특별한 기재가 없는 한 2인분입니다. • 1큰술은 15㎖, 1작은술은 5㎖입니다.
• 전자레인지는 600W인 것으로 소개했습니다. 출력(W) 수에 따라 가열 시간을 조절해 주세요.

기본 조리법
La recette de base

기본적인 조리법은 무척 단순합니다. 파스타 면을 물에 담근 동안 다른 재료를 밑손질하고, 냄비에 몽땅 넣어 삶기만 하면 끝입니다. 마지막으로 마무리 재료를 버무리거나 뿌리기만 하면 완성!

심플한 크림 소스
Sauce à la crème fraîche

재료

스파게티(1.7㎜) 160g ▶ 대강 씻어 물에 담가 불려요 (ⓐ 참조).

본 브로콜리 1/2개 ▶ 잘게 나눠요 (ⓑ 참조).

A
올리브유 1큰술
생크림 100㎖
물 400㎖
소금 1/2작은술
후추 약간

마무리 생크림 100㎖

기본적으로 재료는 네 가지로 분류합니다. 주재료인 파스타 면, 채소와 고기 등의 부재료, 소스 A, 전부 익힌 후 마지막 마무리 단계에 들어갈 재료입니다.

ⓐ 이렇게 하면 면에 묻은 가루가 줄어들고 면이 부드러워져서 냄비에 넣기 쉽습니다. 면이 90도 가까이 휘면 OK. 그래도 냄비에 다 들어가지 않을 때는 면을 반으로 자르세요. 면을 담근 물은 조리에 사용하지 않습니다.

ⓑ 파스타 면을 물에 담근 사이에 부재료의 밑손질을 끝내세요.

만들기

1_ 냄비에 A, 파스타 면, 부재료를 넣고 같이 삶아요

냄비에 A를 넣고 잘 섞은 다음 파스타 면과 부재료를 넣어요. 뚜껑을 덮고 중불에 익히다가, 수시로 휘저어 가며 구입한 파스타 포장지에 표시된 조리 시간대로 푹 삶습니다.

올리브유가 들어갈 때 특히 잘 섞어야 해요.

파스타 면에 소스가 잘 배어들도록 합니다. 뚜껑을 덮는 것을 잊지 마세요. 불을 켠 다음 삶는 시간을 재기 시작합니다.

끓으면 2~3회 정도 냄비 안을 보면서 면이 냄비 바닥에 달라붙지 않도록 잘 휘젓습니다. 불은 내용물이 보글보글 약하게 끓어서 파스타 면이 보일 정도로 조절해 주세요. 불이 너무 세면 파스타가 다 익기도 전에 수분이 날아가고 맙니다. 불이 센 경우에는 약한 중불로 합니다.

Note
- 2번에서 파스타가 아직 다 익지 않았는데도 국물이 없을 경우에는 물을 50㎖ 정도 더 붓습니다.
- 반대로 파스타는 적당히 익었는데 냄비에 든 국물이 너무 많을 경우에는 마무리 재료를 넣기 전에 국자로 50㎖ 정도 덜어냅니다.
- 2번 과정에서 파스타 면과 부재료는 얼마든지 딱딱하고 부드러운 정도를 조절할 수 있으니 너무 어렵게 생각할 필요는 없어요.

2_ 뚜껑을 열고 졸여요

뚜껑을 열고 1~2분 더 졸입니다. 국물이 높이 1㎝ 정도로 남고, 파스타 면이 취향에 맞는 식감으로 익었을 때 불을 끄세요.

졸이는 시간은 파스타 면의 종류에 따라 다른데 대체로 2분 전후입니다. 13쪽을 참고하세요. 단, 시간보다 파스타 면과 부재료가 얼마나 부드럽게 익었는지를 잘 확인하세요.

최종적인 국물의 양은 이 정도면 OK. 그릇에 담은 후에도 파스타 면이 수분을 빨아들이므로 국물을 완전히 없애서는 안 됩니다. 특히 크림 소스와 토마토 소스의 경우에는 국물을 많이 남겨 두어야 해요.

3_ 마무리

마무리의 생크림을 끼얹고 재빨리 버무린 후 그릇에 옮겨 담습니다.

마무리 단계에 들어가는 재료에는 생크림 이외에도 치즈, 금방 익는 채소 등이 있어요.

이대로 버무리기만 하면 완성(3쪽 참조)! 기호에 따라 소금과 후추 등으로 간을 봅니다.

자주 하는 질문
FAQ

자주 하는 질문들을 모았습니다.
의문이 생겼을 때는 이 부분을 먼저 읽어 보세요.

4인분을 만들 때는 재료의 양과 가열 시간 등을 어떻게 해야 하나요?

재료는 전부 2배로 준비하고, 가열 시간은 책에 나온 그대로 하면 됩니다.
마찬가지로 6인분을 만들 때는 모든 재료를 3배로 준비합니다.
그런데 너무 많은 양을 한꺼번에 만들려고 하면 실패할 가능성이 높아요.

그러면 1인분을 만들 때는요?

재료는 기본적으로 절반으로 하고, 물의 양만 2/3로 맞춰 주세요.
절반이면 너무 적어서 파스타가 맛있게 완성되지 않고, 냄비에 눌어붙을 수도 있습니다.
작은 냄비를 사용하고, 롱 파스타는 반으로 잘라 만드는 것이 좋아요. 가열 시간은 똑같습니다.

파스타 면의 양을 다르게 해도 괜찮나요?

이 책에서는 1인당 80g으로 계량했는데, 이를테면 조금 넉넉하게 해서 2인분에 200g으로 할 경우
다른 재료는 전부 1.2배로 준비합니다. 반대로 조금 적게 해서 2인분에 120g으로 할 경우는
다른 재료를 전부 0.8배로 준비해 주세요. 가열 시간은 둘 다 똑같습니다.

레시피와 다른 파스타 면을 써도 되나요?

물론 되지만, 삶는 시간과 물의 양이 조금 달라집니다.
오른쪽 페이지의 표를 참고해 주세요.
파스타를 물에 담가 두는 시간, 뚜껑을 연 후 익히는 시간도 달라지므로 주의해야 합니다.

파스타 면의 종류를 바꾸었을 때 부재료 손질 등은 그대로 해도 괜찮나요?

기본적으로는 문제없지만, 레시피에서 지정한 파스타 면보다 삶는 시간이 짧은 것을 사용할 때는
주의해야 합니다. 고기와 생선 등 잘 익혀야 하는 재료, 뿌리채소 등 잘 익지 않는 재료는 레시피에 나와 있는
것보다 작은 크기로 썰거나, 파스타 면보다 이 재료들을 먼저 넣고 오래 익히는 등으로 조정해 주세요.

파스타별 삶는 시간과 물의 양
Liste des pâtes

레시피와는 다른 파스타 면을 써서 만들 수도 있어요. 이 표를 기준 삼아 삶는 시간과 물의 양을 조정해 주세요.
'국물량'이란 재료 [A]에 들어가는 물, 생크림, 와인, 토마토 주스, 코코넛밀크 등의 총량을 가리킵니다.

		형태	물에 담그는 시간	삶는 시간	졸이는 시간	국물량 (토마토 통조림을 쓸 경우)
롱 파스타	카펠리니 Capellini	지름 0.9mm	1~2분	2분	30초~1분	400㎖ (300㎖)
	페델리니 Fedelini	지름 1.4mm	2~3분	6분	1~2분	450㎖ (300㎖)
	스파게티니 Spaghettini	지름 1.6mm	3~4분	9분	1~2분	500㎖ (400㎖)
	스파게티 Spaghetti	지름 1.7mm 지름 1.8mm 지름 1.9mm 지름 2.2mm	3~4분 3~4분 3~4분 4~5분	10분 11분 12분 16분	1~2분 2~3분 2~3분 3~4분	500㎖ (400㎖) 500㎖ (400㎖) 500㎖ (400㎖) 600㎖ (500㎖)
	페투치네 Fettuccine	너비 5~6mm의 납작한 면	3~4분	7분	1~2분	500㎖ (400㎖)
	링귀네 Linguine	단면이 타원형인 면	—	12분	2~3분	500㎖ (400㎖)
짧은 파스타	펜네 Penne	'펜촉'이라는 의미	3~4분	11~13분	2~3분	500㎖ (400㎖)
	콘킬리에 Conchiglie	소라 껍데기 모양	3~4분	11~13분	2~3분	500㎖ (400㎖)
	푸실리 Fusilli	나사처럼 꼬인 모양	3~4분	11~13분	2~3분	500㎖ (400㎖)
	파르팔레 Farfalle	나비 모양	3~4분	11~13분	2~3분	500㎖ (400㎖)

• 삶는 시간은 파스타 면 브랜드 '데체코(dececco)'를 기준으로 합니다. • 토마토 통조림을 쓸 때에 한해, 점도가 있기 때문에 물의 양이 달라집니다. • 레시피에 나온 파스타와 물의 양이 다른 파스타를 만들 경우 재료 [A]에 들어가는 물, 생크림, 와인, 토마토 주스를 같은 비율로 늘리거나 줄이면 됩니다. 예를 들어 레시피에서 카펠리니(국물량 400㎖)였던 것을 스파게티니(국물량 500㎖)로 만들 경우, 재료 [A]에 들어가는 물, 생크림, 와인, 토마토 주스를 각각 1.25배로 합니다. 생크림은 원래 양 그대로 하고 물 등을 늘려 조절해도 됩니다(생크림은 1팩에 200㎖인 것이 많기 때문입니다).

그 밖의 기본 소스
La recette de base

이 책의 레시피는 기본적으로 다음에 소개하는 소스들의 변형입니다.
익숙해지면 좋아하는 식재료와 조합해서 도전해 보세요.

심플한
토마토 소스 →16쪽
Sauce tomate

알리오 올리오
페페론치노 →16쪽
Ail, huile et piment

레몬 버터 소스 →17쪽
Sauce au beurre

까르보나라 →17쪽
Carbonara

심플한 토마토 소스
Sauce tomate

재료

스파게티 (1.7mm) 160g ▶ 대강 씻어 물에 담가 불려요.

부
- 양파 1/2개 ▶ 잘게 다져요.
- 마늘 1쪽 ▶ 칼자루로 3~4회 빻아요.

A
- 올리브유 1큰술
- 토마토케첩 1큰술
- 치킨 스톡 1/2개
- 토마토 통조림(홀) 1/2캔(200g) ▶ 과육은 큼직하게 썰어요.
- 물 400㎖
- 소금 1/3작은술
- 후추 약간

마무리
- 파르미지아노 레지아노 적당량 ▶ 갈아요.
- 바질 잎 적당량 ▶ 굵게 썰어요.

만들기

1_ 냄비에 A를 넣고 잘 섞은 다음 파스타 면과 부재료를 넣어요. 뚜껑을 덮고 중불에 익히면서, 수시로 휘저어 가며 구입한 파스타 포장지에 표시된 시간대로 푹 삶습니다.

2_ 뚜껑을 열고 1~2분 더 졸입니다. 국물이 높이 1㎝ 정도로 남고, 파스타 면이 좋아하는 식감으로 익었을 때 불을 끄세요.

3_ 그릇에 담은 다음 마무리의 파르미지아노 레지아노와 바질을 뿌립니다.

Note
- 치킨 스톡 1/2개는 분말 수프 1/2작은술로 대체할 수 있어요.
- 토마토 통조림은 다이스드 토마토의 경우 그대로 사용하면 됩니다.

알리오 올리오 페페론치노
Ail, huile et piment

재료

스파게티 (1.7mm) 160g ▶ 대강 씻어 물에 담가 불려요.

부
- 마늘 1쪽 ▶ 칼자루로 3~4회 빻아요.
- 빨간 고추(송송 썬 것) 1작은술

A
- 올리브유 1큰술
- 물 500㎖
- 소금 1/2작은술
- 후추 약간

마무리
- 이탈리안 파슬리 2줄기 ▶ 잎을 뜯어 잘게 다져요.
- 올리브유 2큰술

만들기

1_ 냄비에 A를 넣고 잘 섞은 다음 파스타 면과 부재료를 넣어요. 뚜껑을 덮고 중불에 익히면서, 수시로 휘저어 가며 구입한 파스타 포장지에 표시된 조리 시간대로 푹 삶습니다.

2_ 뚜껑을 열고 1~2분 더 졸입니다. 국물이 높이 1㎝ 정도로 남고, 파스타 면이 취향에 맞는 식감으로 익었을 때 불을 끄세요.

3_ 마무리의 이탈리안 파슬리와 올리브유를 넣고 재빨리 버무린 다음 그릇에 옮겨 담습니다.

Note
- 올리브유, 마늘, 빨간 고추로 만드는 전통 파스타.

레몬 버터 소스
Sauce au beurre

재료

스파게티(1.7mm) 160g ▶ 대강 씻어 물에 담가 불려요

부 | 레몬(수확 후에 농약을 치지 않은 것) 1/2개
 | ▶ 얇게 통썰기하세요.

A | 올리브유 1큰술
 | 물 500㎖
 | 소금 1/2작은술
 | 후추 약간

마무리 | 레몬 껍질(수확 후에 농약을 치지 않은 것) 1/2개분
 | ▶ 노란 부분만 얇게 깎아 채 썰어요.
 | 버터 2큰술 ▶ 실온에 두어서 말랑말랑하게 만들어요.

Note
• 레몬 껍질을 조리에 쓸 경우 수확 후에 농약을 치지 않은 국산 레몬을 사용하는 것이 좋아요.

만들기

1_ 냄비에 A를 넣고 잘 섞은 다음 파스타 면과 **부재료**를 넣어요. 뚜껑을 덮고 중불에 익히면서, 수시로 휘저어 가며 구입한 파스타 포장지에 표시된 조리 시간대로 푹 삶습니다.

2_ 뚜껑을 열고 1~2분 더 졸입니다. 국물이 높이 1cm 정도로 남고, 파스타 면이 취향에 맞는 식감으로 익었을 때 불을 끄세요.

3_ 마무리의 레몬 껍질과 버터를 넣고 재빨리 버무린 다음 그릇에 옮겨 담습니다.

까르보나라
Carbonara

재료

스파게티(1.7mm) 160g ▶ 대강 씻어 물에 담가 불려요

부 | 베이컨(블록) 80g ▶ 1cm 크기로 막대썰기합니다.

A | 올리브유 1큰술
 | 물 500㎖
 | 소금 1/2작은술
 | 후추 약간

마무리 | 달걀 소스 ▶ 거품기로 잘 섞어요.
 | 달걀 2개
 | 파르미지아노 레지아노 4큰술 ▶ 갈아요.
 | 물 2큰술
 | 굵게 간 후춧가루 적당량

Note
• 생크림을 쓰지 않고 달걀과 파르미지아노 레지아노로 만드는 로마풍 까르보나라.
• 베이컨 덩어리가 없을 경우 슬라이스 베이컨 5장을 3~4cm 너비로 썰어 대체합니다.
• 달걀 소스는 조리 후 남은 열에도 금세 굳어 버리므로 파스타에 재빨리 묻혀 얼른 접시에 옮기세요.

만들기

1_ 냄비에 A를 넣고 잘 섞은 다음 파스타 면과 **부재료**를 넣어요. 뚜껑을 덮고 중불에 끓이면서, 수시로 휘저어 가며 구입한 파스타 포장지에 표시된 조리 시간대로 푹 삶습니다.

2_ 뚜껑을 열고 1~2분 더 졸입니다. 국물이 높이 1cm 정도로 남고, 파스타 면이 취향에 맞는 식감으로 익었을 때 불을 끄세요.

3_ 마무리의 달걀 소스를 붓고 재빨리 버무린 다음 그릇에 옮겨 담습니다.

채소가 주인공인 마법의 파스타

콜리플라워 까르보나라
Brocolis et chou-fleur

재료

스파게티(1.7mm) 160g ▶ 대강 씻어 물에 담가 불려요.

[부]
- 브로콜리 1/3개(100g) ▶ 잘게 나눠요.
- 콜리플라워 1/3개(100g) ▶ 잘게 나눠요.

[A]
- 올리브유 1큰술
- 물 500㎖
- 소금 1/2작은술
- 후추 약간

[마무리]
- 훈제연어 5~6장(80g) ▶ 길이를 반으로 자릅니다.
- 달걀 소스 ▶ 거품기로 잘 섞어요.
  - 달걀 2개
  - 파르미지아노 레지아노 4큰술 ▶ 갈아요.
  - 물 2큰술
  - 굵게 간 후춧가루 적당량

만들기

1_ 냄비에 A를 넣고 잘 섞은 다음 파스타 면과 부재료를 넣어요. 뚜껑을 덮고 중불에 끓이면서, 수시로 휘저어 가며 구입한 파스타 포장지에 표시된 조리 시간대로 푹 삶습니다.

2_ 뚜껑을 열고 1~2분 더 졸입니다. 국물이 높이 1㎝ 정도로 남고, 파스타 면이 취향에 맞는 식감으로 익었을 때 불을 끄세요.

3_ 마무리의 훈제연어와 달걀 소스를 부어 재빨리 버무린 후 그릇에 옮겨 담습니다.

Note
- 걸쭉한 소스가 식감이 살아 있는 채소와 잘 어우러지며 만족스러운 맛으로 완성됩니다.
- 브로콜리와 콜리플라워의 주요 식용 부분은 꽃봉오리입니다.
- 훈제연어의 짠맛이 파스타의 맛을 강조해 줘요. 취향에 따라 염분을 조절하세요.

〈이 장에 대하여〉

▶ 각양각색의 채소가 듬뿍 들어간 건강식 파스타를 냄비 하나로 뚝딱 만들 수 있어요.

▶ 썬 채소의 모양에 따라 불에 익히는 시간을 조절하여, 파스타와 동시에 익을 수 있도록 했습니다.

▶ 요리에 어느 정도 익숙해지면 즐겨 먹는 채소로도 도전해 보세요.

유채버섯산초나무순 오일 소스
Fleurs du viol et pousses de bambou

재료

페델리니(1.4mm) 160g ▶ 대강 씻어 물에 담가 불려요.

[부]
- 유채 1/3단(100g) ▶ 길이를 반으로 자릅니다.
- 버섯(살짝 익힌 것) 1/2개(100g) ▶ 8mm 두께로 빗모양썰기를 합니다.
- 도미(도막) 2도막 ▶ 2cm 굵기로 포뜨기를 해요.
- 반건조 토마토(아래의 별도 설명 참조) 5~6개
- 마늘 1쪽 ▶ 칼자루로 3~4회 빻아요.

[A]
- 올리브유 1큰술
- 화이트와인 50㎖
- 물 400㎖
- 소금 1/2작은술
- 후추 약간

[마무리]
- 산초나무 순 20장 ▶ 굵게 썰어요.
- 올리브유 2큰술

만들기

1_ 냄비에 A를 넣고 잘 섞은 다음 파스타 면과 부재료를 넣어요. 뚜껑을 덮고 중불에 익히면서, 수시로 휘저어 가며 구입한 파스타 포장지에 표시된 조리 시간대로 푹 삶습니다.

2_ 뚜껑을 열고 1~2분 더 졸입니다. 국물이 높이 1cm 정도로 남고, 파스타 면이 좋아하는 식감으로 익었을 때 불을 끄세요.

3_ 마무리의 산초나무 순과 올리브유를 넣고 재빨리 버무린 후 그릇에 옮겨 담습니다.

Note
- 봄 향기가 물씬 풍기는 산뜻한 파스타.
- 산초나무 순이 없을 때는 굵게 썬 이탈리안 파슬리 1~2줄기로 대체하세요.
- 반건조 토마토 대신 말린 토마토 5~6개 혹은 방울토마토 5~6개를 반으로 잘라 써도 됩니다.

반건조 토마토

재료와 만드는 법

1_ 방울토마토(1팩)의 꼭지를 딴 다음 대나무 꼬지로 5~6개 정도에 구멍을 뚫어요.

2_ 종이호일을 깐 내열 용기에 담고, 그 위에 소금과 후추 조금, 드라이 허브 믹스를 적당히 뿌립니다.

3_ 랩을 씌우지 않은 상태에서 전자레인지로 3분 정도 데웁니다. [a] 참조.

4_ 실온 혹은 바깥에 하루 정도 자연 건조시킵니다.

밀폐용기나 지퍼백에 넣고 냉장고에 일주일 정도 보관할 수 있어요. 1주일이 넘어갈 경우는 냉동 보관하세요.(최대 1달 정도).

Plat d'accompagnement 잘 어울리는 사이드 메뉴

베이컨 대파 크루톤

재료 — 만들기 쉬운 분량

얇은 바게트 1/2개 ▶ 5mm 두께로 얇게 썰어요.

[A]
- 버터 4큰술
  ▶ 실온에 두어서 말랑말랑하게 만들어요.
- 베이컨 2장 ▶ 잘게 다져요
- 대파 1/2개 ▶ 잘게 다져요.

만들기

섞은 A를 자른 바게트 위에 똑같이 얹은 다음 잘 펴 바릅니다. 노릇노릇한 색깔이 나오도록 오븐토스터에 넣고 4~5분간 굽습니다.

양배추와 참치 안초비 버터
Choux au thon

재료

스파게티(1.8mm) 160g ▶ 대강 씻어 물에 담가 불려요.

- 양배추 4장 ▶ 4~5cm 크기로 큼직하게 썰어요.
- 참치 캔(큰 것) 1캔(180g) ▶ 국물을 살짝 빼요.
- 안초비(필레) 3장 ▶ 잘게 다져요.
- 마늘 1쪽 ▶ 칼자루로 3~4회 빻아요.

A
- 올리브유 1큰술
- 물 500㎖
- 소금 1/3작은술
- 후추 약간

마무리
- 버터 2큰술 ▶ 실온에 두어서 말랑말랑한 상태로 만들어요.
- 크레송(물냉이) 1단 ▶ 줄기 끝에 달린 잎을 뜯어요.

1_ 냄비에 A를 넣고 잘 섞은 다음 파스타 면과 부재료를 넣습니다. 뚜껑을 덮고 중불에 익히면서, 파스타 포장지에 표시된 조리 시간대로 푹 삶으세요.

2_ 뚜껑을 열고 2~3분 더 졸입니다. 국물이 높이 1cm 정도로 남고, 파스타 면이 좋아하는 식감으로 익었을 때 불을 끄세요.

3_ 마무리의 버터와 크레송을 넣고 재빨리 버무린 후 그릇에 옮겨 담아요.

Note
- 안초비의 감칠맛으로 심플하면서도 질리지 않는 맛.
- 버터는 풍미를 남기기 위해 불을 끈 후 마무리 단계에 넣어서 대강 버무리는 것이 포인트.

감자와 꼬투리강낭콩 제노베제
Pomme de terre et haricots

재료

링귀네 160g ▶ 대강 씻어 물에 담가 불려요.

[분]
감자 2개 ▶ 1cm 두께로 통썰기합니다.
꼬투리강낭콩 10개 ▶ 꼭지를 따고 3등분으로 자릅니다.
마늘 1쪽 ▶ 칼자루로 3~4회 빻아요.

[A]
올리브유 1큰술
물 500㎖
소금 1/2작은술
후추 약간

[마무리]
바질 잎 5~6장 ▶ 잘게 다져요.
이탈리안 파슬리 2줄기 ▶ 잎을 뜯어 잘게 다져요.
믹스 견과류(안주용) 20g ▶ 잘게 다져요.
파르미지아노 레지아노 2큰술 ▶ 갈아요.
올리브유 2큰술

Note
- 따끈따끈한 감자에 허브의 풍미가 산뜻하게 어우러져요.
- 제노베제 소스가 없어도 올리브유에 바질, 파슬리, 견과류, 파르미지아노 레지아노를 섞어 묻히면 OK.

만들기

1_ 냄비에 A를 넣고 잘 섞은 다음 파스타 면과 부재료를 넣어요. 뚜껑을 덮고 중불에 익히면서, 수시로 휘저어 가며 구입한 파스타 포장지에 표시된 조리 시간대로 푹 삶습니다.

2_ 뚜껑을 열고 2~3분 더 졸입니다. 국물이 높이 1cm 정도로 남고, 파스타 면이 취향에 맞는 식감으로 익었을 때 불을 끄세요.

3_ 마무리의 모든 재료를 넣고 재빨리 버무린 후 그릇에 옮겨 담습니다.

아보카도와 게 토마토크림 소스
Avocat au crabe

재료

스파게티니 (1.6mm) 160g ▶ 대강 씻어 물에 담가 불려요

본 | 아보카도 1개 ▶ 2cm 크기로 깍둑썰기해요 (a 참조).

A | 올리브유 1큰술
생크림 100㎖
토마토 주스(무염) 200㎖
물 200㎖
소금 1/2작은술
후추 약간

마무리 | 게 통조림 160g ▶ 연골을 제거하고 국물을 살짝 뺍니다.
생크림 100㎖

만들기

1_ 냄비에 A를 넣고 잘 섞은 다음 파스타 면과 부재료를 넣어요. 뚜껑을 덮고 중불에 끓이면서, 수시로 휘저어 가며 구입한 파스타 포장지에 표시된 조리 시간대로 푹 삶습니다.

2_ 뚜껑을 열고 1~2분 더 졸입니다. 국물이 높이 1cm 정도로 남고, 파스타 면이 취향에 맞는 식감으로 익었을 때 불을 끄세요.

3_ 마무리의 게 통조림의 1/2 분량과 생크림을 넣고 재빨리 버무립니다. 그리고 그릇에 옮겨 담은 다음, 그 위에 나머지 게 통조림을 얹으세요.

Note
- 순한 아보카도에 게가 고급스러운 맛을 더해 줍니다.
- 토마토크림 소스는 그것만으로도 존재감이 충분한 소스입니다. 다양한 채소에 두루 잘 어울린답니다.

씨를 따라 세로로 칼을 넣고 좌우로 비틀어 2개로 나눕니다. 그리고 칼로 찔러 씨를 빼내고, 껍질은 손으로 벗겨냅니다.

# 아보카도와 만가닥버섯 까르보나라
Avocat et shimeji

재료

펜네 160g ▶ 대강 씻어 물에 담가 불려요.

[부]
아보카도 1개 ▶ 1cm 두께로 썰어요.
만가닥버섯 1팩 ▶ 잘게 나눠요.

[A]
올리브유 1큰술
물 500㎖
소금 1/2작은술
후추 약간

[마무리]
달걀 소스 ▶ 거품기로 잘 섞어요.
　달걀 2개
　파르미지아노 레지아노 4큰술 ▶ 갈아요.
　물 2큰술
　굵게 간 후춧가루 적당량

만들기

1_ 냄비에 A를 넣고 잘 섞은 다음 파스타 면과 부재료를 넣습니다. 뚜껑을 덮고 중불에 익히면서, 수시로 휘저어 가며 파스타 포장지에 표시된 조리 시간대로 푹 삶아요.

2_ 뚜껑을 열고 2~3분 더 졸입니다. 국물이 높이 1cm 정도로 남고, 파스타 면이 취향에 맞는 식감으로 익었을 때 불을 끄세요.

3_ 마무리의 달걀 소스를 첨가하고 재빨리 버무린 후 그릇에 옮겨 담아요.

Note
• 만가닥버섯 이외에 다른 버섯도 다 잘 어울립니다.
• 마무리로 파르미지아노 레지아노와 굵게 간 후춧가루를 뿌려도 좋아요.

얇게 썬 채소 까르보나라
Carottes et courgettes

재료

페투치네 160g ▶ 대강 씻어 물에 담가 불려요.

A
- 올리브유 1큰술
- 물 500㎖
- 소금 1/2작은술
- 후추 약간

마무리
- 주키니 호박 1/2개 ▶ 채칼을 이용해 1㎝ 너비로 얇게 썰어요 (a 참조).
- 당근 1/2개 ▶ 채칼을 이용해 1㎝ 너비로 얇게 썰어요.
- 달걀 소스 ▶ 거품기로 잘 섞어요.
  - 달걀 2개
  - 파르미지아노 레지아노 4큰술 ▶ 갈아요.
  - 화이트와인(혹은 물) 1큰술
  - 굵게 간 후춧가루 적당량

만들기

1_ 냄비에 A를 넣고 잘 섞은 다음 파스타 면을 넣어요. 뚜껑을 덮고 중불에 익히면서, 수시로 휘저어 가며 구입한 파스타 포장지에 표시된 조리 시간대로 푹 삶습니다.

2_ 뚜껑을 열고 1~2분 더 졸입니다. 국물이 높이 1㎝ 정도로 남고, 파스타 면이 마음에 드는 식감으로 익었을 때 불을 끄세요.

3_ 마무리의 모든 재료를 넣고 재빨리 버무린 후 그릇에 옮겨 담습니다.

Note
- 채소의 단맛이 두드러지는 까르보나라.
- 납작한 면에 맞게 채소도 얇게 썰면 소스가 더욱 잘 배어듭니다. 채소를 마지막 단계에 넣어서 본연의 식감을 살려 주세요.

당근도 똑같이 썰어요. 끝까지 얇게 썰면 불에 잘 익습니다.

Plat d'accompagnement   잘 어울리는 사이드 메뉴

회 카르파초 토마토 소스

재료 — 만들기 쉬운 분량

- 횟감용 흰살생선(도미, 광어 등을 얇게 포 뜬 것) 150g
- 올리브유 1큰술
- 잘게 다진 딜(dill) 적당량

A
- 고당도 토마토 작은 것 1개(80g)
  ▶ 꼭지를 따고 껍질째 갈아요.
- 디종 머스터드 1작은술
- 소금 1/3작은술
- 후추 약간

만들기

그릇에 포 뜬 흰살생선을 담고, 그 위에 섞은 A와 올리브유를 끼얹은 다음, 마지막으로 딜을 뿌립니다.

프로방스풍 가지와 베이컨
Aubergines et bacon

재료

스파게티(1.8mm) 160g ▶ 대강 씻어 물에 담가 불려요.

부
가지 3개 ▶ 하나씩 랩에 싸서 전자레인지로 2분간 익힌 다음, 식으면 1.5cm 두께로 통썰기하세요.(a 참조).
베이컨 4장 ▶ 3cm 너비로 썰어요.
양파 1/2개 ▶ 잘게 다져요.
마늘 1쪽 ▶ 칼자루로 3~4회 빻아요.

A
치킨 스톡 1/2개
올리브유 1큰술
토마토케첩 1큰술
토마토 통조림(홀) 1/2캔(200g) ▶ 과육은 큼직하게 썰어요.
물 400㎖
소금 1/2작은술
후추 약간

마무리
모차렐라 1개(80g)
▶ 1cm 크기로 깍둑썰기하세요.
바질 잎 적당량

만들기

1_ 냄비에 A를 넣고 잘 섞은 다음 파스타 면과 부재료를 넣어요. 뚜껑을 덮고 중불에 익히면서, 수시로 휘저어 가며 구입한 파스타 포장지에 표시된 조리 시간대로 푹 삶습니다.

2_ 뚜껑을 열고 2~3분 더 졸입니다. 국물이 높이 1cm 정도로 남고, 파스타 면이 취향에 맞는 식감으로 익었을 때 불을 끄세요.

3_ 마무리의 모차렐라를 넣고 재빨리 버무립니다. 그릇에 옮겨 담은 다음 바질을 뿌리세요.

Note
• 토마토 베이스에 채소를 듬뿍 넣은, 마늘 맛이 돋보이는 프로방스풍 파스타.
• 치즈를 마지막에 넣으면 남은 열에 스르륵 녹아 아주 맛있답니다.

가지는 꼭지가 있는 그대로 전자레인지에 돌리면 터지므로 반드시 미리 떼어내야 합니다.

연근과 표고버섯 카레버터 소스
Racines lotus et shiitake

재료

페델리니(1.4mm) 160g ▶ 대강 씻어 물에 담가 불려요.

부
연근 1/2마디 ▶ 세로로 반 자른 다음,
5mm 두께로 반달썰기하고 물에 2~3분 담가 아린 맛을 빼세요.

표고버섯 6개 ▶ 1cm 너비로 썰어요.

A
올리브유 1큰술
카레 가루 1작은술
물 450㎖
소금 1/2작은술
후추 약간

마무리
피망 2개 ▶ 채 썰어요.
버터 2큰술 ▶ 실온에 두어서 말랑말랑하게 만듭니다.

만들기

1_ 냄비에 A를 넣고 잘 섞은 다음 파스타 면과 부재료를 넣어요. 뚜껑을 덮고 중불에 끓이면서, 수시로 휘저어 가며 구입한 파스타 포장지에 표시된 조리 시간대로 푹 삶습니다.

2_ 뚜껑을 열고 1~2분 더 졸입니다. 국물이 높이 1cm 정도로 남고, 파스타 면이 취향에 맞는 식감으로 익었을 때 불을 끄세요.

3_ 마무리의 피망과 버터를 넣고 재빨리 버무려 그릇에 옮겨 담아요.

Note
• 카레와 버터 향이 식욕을 돋우는, 어른도 아이도 모두 좋아할 맛이랍니다.
• 채소는 써는 방법을 달리 해서 다양한 식감을 즐겨 보세요.

화이트 아스파라거스 고르곤졸라 크림
Asperges blanches

재료

스파게티(1.8mm) 160g
▶ 냉강 씻어 물에 담가 불려요.

화이트 아스파라거스 통조림 1캔(250g)
▶ 국물을 따라내고 길이를 반으로 잘라요.

A
올리브유 1큰술
생크림 100㎖
물 400㎖
소금 1/2작은술
후추 약간

고르곤졸라 80g ▶ 껍질을 없애고 가늘게 썰어요.
호두(볶은 것) 20g ▶ 굵게 부숴요.

만들기

1_ 냄비에 A를 넣고 잘 섞은 다음 파스타 면과 부재료를 넣어요. 뚜껑을 덮고 중불에 익히면서, 수시로 휘저어 가며 구입한 파스타 포장지에 표시된 조리 시간대로 푹 삶습니다.

2_ 뚜껑을 열고 2~3분 더 졸입니다. 국물이 높이 1㎝ 정도로 남고, 파스타 면이 취향에 맞는 식감으로 익었을 때 불을 끄세요.

3_ 마무리의 고르곤졸라와 호두를 넣고 재빨리 버무려 그릇에 옮겨 담아요.

Note
• 녹은 고르곤졸라가 걸쭉한 소스가 됩니다. 고소한 호두 향이 포인트.
• 호두는 안주용을 써도 좋아요. 다른 견과류로 대체 가능합니다.

그린 아스파라거스와 새송이버섯 치즈버터

Asperges vertes

재료

푸실리 160g ▶ 대강 씻어 물에 담가 불려요.

본
그린 아스파라거스 5줄기
▶ 길이 5cm, 폭 1cm로 어슷썰기합니다.

새송이버섯 2개
▶ 반으로 자른 후 다시 세로로 반을 자른 다음, 1cm 너비로 잘라요.

A
올리브유 1큰술
물 500㎖
소금 1/2작은술
후추 약간

마무리
버터 2큰술 ▶ 실온에 두어서 말랑말랑한 상태로 만듭니다.
파르미지아노 레지아노 2큰술 ▶ 갈아요.
굵게 간 흰 후추 적당량

만들기

1_ 냄비에 A를 넣고 잘 섞은 다음 파스타 면과 부재료를 넣어요. 뚜껑을 덮고 중불에 익히면서, 수시로 휘저어 가며 구입한 파스타 포장지에 표시된 조리 시간대로 푹 삶습니다.

2_ 뚜껑을 열고 2~3분 더 졸입니다. 국물이 높이 1cm 정도로 남고, 파스타 면이 마음에 드는 식감으로 익었을 때 불을 끄세요.

3_ 마무리의 버터와 파르미지아노 레지아노를 넣고 재빨리 버무려요. 그릇에 담은 다음 굵게 간 흰 후추를 뿌려주세요.

Note
- 파스타와 부재료를 비슷한 크기로 만드는 것이 맛있는 식감을 살리는 포인트.
- 흰 후추가 없으면 검은 후추로 대체해도 좋아요. 다만 흰 후추 쪽이 풍미가 더욱 부드럽답니다.

화이트 아스파라거스 고르곤졸라 크림 / 그린 아스파라거스와 새송이버섯 치즈버터

호박 파슬리 버터
Citrouille

재료

콘킬리에 160g ▶ 대강 씻어 물에 담가 불려요.

[부]
호박 1/6개(300g) ▶ 2cm 크기로 깍둑썰기해요.
마늘 1쪽 ▶ 칼자루로 3~4회 빻아요.

[A]
올리브유 1큰술
물 500㎖
소금 1/2작은술
후추 약간

[마무리]
버터 2큰술 ▶ 실온에 두어서 부드러운 상태로 만들어요.
이탈리안 파슬리 3줄기 ▶ 잎을 뜯어 잘게 다져요.

만들기

1_ 냄비에 A를 넣고 잘 섞은 다음 파스타 면과 부재료를 넣어요. 뚜껑을 덮고 중불에 끓이면서, 수시로 휘저어 가며 구입한 파스타 포장지에 표시된 조리 시간대로 푹 삶습니다.

2_ 뚜껑을 열고 2~3분 더 졸입니다. 국물이 높이 1cm 정도로 남고, 파스타 면이 취향에 맞는 식감으로 익었을 때 불을 끄세요.

3_ 마무리의 버터와 이탈리안 파슬리를 넣고 재빨리 버무려 그릇에 옮겨 담습니다.

Note
• 호박과 버터로 진하고 농후한 맛을 낼 수 있어요. 재료는 심플하지만 무척 만족도 높은 파스타랍니다.

오크라와 방울토마토 코코넛크림
Gombos et tomates

재료

카펠리니 160g ▶ 대강 씻어 물에 담가 불려요

부
- 오크라 10개 ▶ 소금으로 박박 문질러 물로 헹군 다음 비스듬하게 반으로 썰어요
- 방울토마토 10개 ▶ 꼭지를 떼요
- 생강 1쪽 ▶ 잘게 다져요
- 마늘 1쪽 ▶ 칼자루로 3~4회 빻아요

A
- 치킨 스톡 1/2개
- 카레 가루 1작은술
- 설탕 1/2작은술
- 올리브유 1큰술
- 남프라(우리나라의 간장과 비슷한 태국의 생선 액젓) 1큰술
- 코코넛밀크 200㎖ (참조)
- 물 200㎖
- 소금, 후추 조금씩

마무리
- 생크림 100㎖
- 고수 1줄기 ▶ 큼직하게 썰어요

 동남아시아에서 카레나 수프, 디저트에 주로 넣습니다. 통조림으로 파는 경우가 많아요.

만들기

1_ 냄비에 A를 넣고 잘 섞은 다음 파스타 면과 부재료를 넣어요. 뚜껑을 덮고 중불에 익히면서, 수시로 휘저어 가며 구입한 파스타 포장지에 표시된 조리 시간대로 푹 삶습니다.

2_ 뚜껑을 열고 30초~1분 더 졸입니다. 국물이 높이 1cm 정도로 남고, 파스타 면이 마음에 드는 식감으로 익었을 때 불을 끄세요.

3_ 마무리의 생크림과 고수를 넣고 재빨리 버무려 그릇에 옮겨 담습니다.

Note
- 타이 카레 같은 풍미로, 무더운 여름철에도 추천하는 파스타입니다. 면이 가늘어서 순식간에 완성돼요.
- 코코넛밀크의 풍미를 남기기 위해 마지막으로 졸이는 시간을 짧게 합니다.

파프리카 아라비아타
Paprika

재료
- 스파게티(1.8mm) 160g ▶ 대강 씻어 물에 담가 불려요.

A
- 파프리카(빨강, 노랑) 각각 1개 ▶ 5mm 너비로 가늘게 썰어요.
- 양파 1/2개 ▶ 잘게 다져요.
- 마늘 1쪽 ▶ 칼자루로 3~4회 빻아요.
- 빨간 고추(송송 썬 것) 1작은술
- 치킨 스톡 1/2개
- 올리브유 1큰술
- 토마토케첩 1큰술
- 토마토 통조림(홀) 1/2캔(200g) ▶ 과육은 큼직하게 썰어요.
- 물 400㎖
- 소금 1/2작은술
- 후추 약간

마무리
- 루콜라 적정량 ▶ 큼직하게 썰어요.
- 파르미지아노 레지아노 적당량 ▶ 갈아요.

만들기
1_ 냄비에 A를 넣고 잘 섞은 다음 파스타 면과 부재료를 넣어요. 뚜껑을 덮고 중불에 익히면서, 수시로 휘저어 가며 파스타 포장지에 표시된 조리 시간대로 푹 삶습니다.

2_ 뚜껑을 열고 2~3분 더 졸입니다. 국물이 높이 1㎝ 정도로 남고, 파스타 면이 취향에 맞는 식감으로 익었을 때 불을 끄세요.

3_ 그릇에 담고 마무리의 루콜라를 올린 다음, 파르미지아노 레지아노를 뿌립니다.

Note
- 다양한 채소와 함께 즐길 수 있는 아라비아타입니다. 파프리카 대신 가늘게 썬 가지를 넣어도 맛있어요.
- 그다지 맵지 않게 만드는 레시피입니다. 빨간 고추의 양으로 매운 맛을 조절하세요.

Plat d'accompagnement   잘 어울리는 사이드 메뉴

스터프트 에그

재료 — 만들기 쉬운 분량
- 삶은 달걀 2개 ▶ 세로로 반 자른 후 흰자와 노른자를 분리해 두세요.

A
- 마요네즈 1½큰술
- 카레 가루 1/4작은술
- 소금, 후추 조금씩

B
- 안초비(필레) 1조각 ▶ 세로로 반, 가로로 반 잘라요.
- 검정 올리브(씨 없는 것) 1개 ▶ 통썰기하세요.
- 이탈리안 파슬리 적당량
- 카레 가루 적당량

만들기
1_ 볼에 삶은 달걀의 노른자를 넣고 포크로 잘 으깬 후, A를 넣고 한데 섞습니다.

2_ 삶은 달걀의 흰자에 1을 넣은 다음 B를 얹어요.

재료

스파게티(2.2mm) 160g ▶ 대강 씻어 물에 담가 불려요.

B
연근 1/2마디
▶ 5mm 너비로 부채꼴 썰기한 다음 물에 2~3분 담가 아린 맛을 제거합니다.

우엉 1/3개 ▶ 5mm 두께로 통썰기 한 다음 물에 4~5분 담가 아린 맛을 제거해요.

당근 1/4개 ▶ 5mm 두께로 부채꼴 썰기해요.

대파 1개 ▶ 5mm 두께로 송송 썰어요.

마늘 1쪽 ▶ 칼자루로 3~4회 빻아요.

A
치킨 스톡 1/2개
올리브유 1큰술
토마토케첩 1큰술
토마토 통조림(홀) 1/2캔(200g) ▶ 과육은 큼직하게 썰어요.
물 500㎖
소금 1/2작은술
후추 조금씩

마무리
파르미지아노 레지아노 적당량 ▶ 갈아요.

만들기

1_ 냄비에 A를 넣고 잘 섞은 다음 파스타 면과 부재료를 넣어요. 뚜껑을 덮고 중불에서 익히면서, 수시로 휘저어 가며 구입한 파스타 포장지에 표시된 조리 시간대로 푹 삶습니다.

2_ 뚜껑을 열고 3~4분 더 졸입니다. 국물이 높이 1cm 정도로 남고, 파스타 면이 취향에 맞는 식감으로 익었을 때 불을 끄세요.

3_ 그릇에 옮겨 담고 마무리의 파르미지아노 레지아노를 뿌립니다.

Note
· 익힌 채소와 소스를 머금은 두꺼운 면이어서 볼륨감 만점!
· 채소를 한 접시 가득 먹을 수 있어 좋은 파스타.

라따뚜이풍 뿌리채소
Légumes racines

재료

파르팔레 160g
▶ 대강 씻어 물에 담가 불려요.

분 참마 10cm
▶ 껍질을 벗기지 말고 1cm 두께로 반달썰기합니다.

잎새버섯 1팩 ▶ 잘게 나눠요.

마늘 2쪽 ▶ 칼자루로 3~4회 빻아요.

A 올리브유 1큰술
물 500㎖
소금 1/2작은술
후추 조금씩

마무리 쑥갓 2~3줄기 ▶ 줄기 끝에 달린 잎을 뜯어요.
올리브유 2큰술

만들기

1_ 냄비에 A를 넣고 잘 섞은 다음 파스타 면과 부재료를 넣어요. 뚜껑을 덮고 중불에서 익히면서, 수시로 휘저어 가며 구입한 파스타 포장지에 표시된 조리 시간대로 푹 삶습니다.

2_ 뚜껑을 열고 2~3분 더 줄입니다. 국물이 높이 1cm 정도로 남고, 파스타 면이 취향에 맞는 식감으로 익었을 때 불을 끄세요.

3_ 마무리의 쑥갓과 올리브유를 넣고 재빨리 버무려 그릇에 옮겨 담아요.

Note
• 올리브유와 마늘로 익히는, 스페인 아히요풍 파스타.
• 아시아 허브언 쑥갓을 사용해서 더욱 향긋하게.

아히요*풍 참마와 잎새버섯
Igname de Chine et maitake

*정식 '명칭'은 '감바스 알 아히요'로 감바스 알은 새우, 아히요는 마늘을 뜻함. 마늘과 올리브유가 듬뿍 들어가는 것이 특징인 스페인 요리. —옮긴이

고기가 주인공인
마법의 파스타

생햄과 적양배추 레드와인 크림 소스
Jambon cru et chou rouge

재료

스파게티(1.9㎜) 160g ▶ 대강 씻어 물에 담가 불려요

부
- 적양배추 1/4개(200g) ▶ 채 썰어요
- 적양파 1/2개 ▶ 얇게 썰어요
- 마늘 1쪽 ▶ 칼자루로 3~4회 빻아요

A
- 올리브유 1큰술
- 토마토케첩 1큰술
- 생크림 100㎖
- 레드와인 200㎖
- 물 200㎖
- 소금 1/2작은술
- 후추 조금씩

마무리
- 생햄 10장(100g) ▶ 1㎝ 너비로 썰어요
- 생크림 100㎖
- 파르미지아노 레지아노 적당량 ▶ 가늘게 깎아요

만들기

1_ 냄비에 A를 넣고 잘 섞은 다음 파스타 면과 부재료를 넣어요. 뚜껑을 덮고 중불에 끓이면서, 수시로 휘저어 가며 구입한 파스타 포장지에 표시된 조리 시간대로 푹 삶습니다.

2_ 뚜껑을 열고 2~3분 더 졸입니다. 국물이 높이 1㎝ 정도로 남고, 파스타 면이 취향에 맞는 식감으로 익었을 때 불을 끄세요.

3_ 마무리의 생햄과 생크림을 넣고 재빨리 버무립니다. 그리고 그릇에 옮겨 담은 후 파르미지아노 레지아노를 뿌리세요.

Note
- 파스타가 보라색으로 물들어 무척 아름다운 요리입니다.
- 토마토케첩의 새콤한 맛이 어렴풋이 나기 때문에 크림 계열 파스타인데도 뒷맛이 산뜻합니다.
- 적양파 대신 일반 양파를 써도 좋아요.

〈이 장에 대하여〉

▶ 고기를 사용한 볼륨감 있는 마법의 파스타입니다.

▶ 파스타를 삶는 시간 동안 고기가 충분히 익을 수 있게 써는 방법을 소개하고 있지만, 혹시 덜 익었을 경우에는 파스타를 먼저 꺼내고 고기는 더 푹 익히세요.

나바린풍 소금돼지 흰 강낭콩
Navarin

재료

- 스파게티(2.2mm) 160g ▶ 대강 씻어 물에 담가 불려요.
- **부** 소금에 절인 돼지고기 ▶ 비닐봉지에 재료를 전부 넣고 돼지고기 전체에 빠짐없이 잘 묻힌 후 냉장고에 하룻밤 이상 보관합니다. [a] 참조.
  - 통삼겹살 200g ▶ 2cm 크기로 깍둑썰기해요.
  - 소금 1작은술
  - 설탕 1/4작은술
  - 드라이 허브 믹스 1/4작은술
  - 후추 조금
- 흰 강낭콩(살짝 삶은 것) 200g ▶ 물기를 빼요. [b] 참조.
- 양파 1/2개 ▶ 잘게 다져요.
- 마늘 1쪽 ▶ 칼자루로 3~4회 빻아요.
- 월계수 잎 1장
- **A** 치킨 스톡 1/2개
  - 올리브유 1큰술
  - 토마토케첩 1큰술
  - 토마토 통조림(홀) 1/2캔(200g) ▶ 과육은 큼직하게 썰어요.
  - 화이트와인 100㎖
  - 물 400㎖

만들기

1. 냄비에 A를 넣고 잘 섞은 다음 파스타 면과 부재료를 넣어요. 뚜껑을 덮고 중불에 익히면서, 수시로 휘저어 가며 구입한 파스타 포장지에 표시된 조리 시간대로 푹 삶습니다.
2. 뚜껑을 열고 3~4분 더 졸입니다. 국물이 높이 1cm 정도로 남고, 파스타 면이 취향에 맞는 식감으로 익었을 때 불을 끄세요.. 그리고 그릇에 담습니다.

Note
- 나바린은 어린 양고기를 토마토 등과 함께 익힌 프랑스의 가정 요리입니다. 여기서는 대신 소금에 절인 돼지고기로 감칠맛을 냈습니다.
- 소금에 절인 돼지고기는 2~3일 냉장고에 넣어 두면 맛이 잘 듭니다.
- 삶는 시간이 16분보다 짧은 파스타를 쓸 경우 소금에 절인 돼지고기를 조금 더 작은 크기로 썰거나, 삶는 시간을 길게 합니다. 파스타가 너무 익지 않도록 주의하세요.

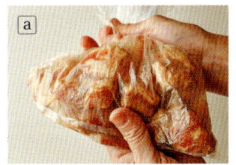

원래는 통삼겹살을 썰지 않은 상태에서 소금을 묻히지만, 여기서는 통삼겹살을 썬 다음 소금을 묻혀서 시간을 단축했습니다.

삶은 흰 강낭콩은 팩에 든 것 이외에 통조림으로도 팝니다. 국물을 잘 따른 후 사용하세요.

Plat d'accompagnement — 잘 어울리는 사이드 메뉴

양송이버섯 파르시

재료 — 만들기 쉬운 분량

- 양송이버섯 10개
  - ▶ 기둥은 깨끗하게 떼어내고, 잘게 다진 후 A를 넣어요.
- **A** 이탈리안 파슬리 1줄기 ▶ 잘게 다져요.
  - 파르미지아노 레지아노 2큰술
    - ▶ 갈아요.
  - 버터 1큰술
    - ▶ 실온에 두어서 말랑말랑하게 만듭니다.
  - 올리브유 1큰술
  - 소금, 후추 조금씩

만들기

1. 내열 용기에 양송이버섯의 주름이 위로 오도록 둔 다음, 섞은 A를 듬뿍 채워 넣습니다.
2. 오븐토스터에 넣고 노릇노릇해질 때까지 13~15분 정도 구워요.

삼겹살과 배추 유자 후추 오일 소스
Porc au chou chinois

재료

스파게티(1.7mm) 160g ▶ 대강 씻어 물에 담가 불려요.

[부]
얇게 썬 삼겹살 200g ▶ 5cm 너비로 썰어요.
배추 2장 ▶ 세로로 반 자른 후 1cm 너비로 썰어요.
생강 1쪽 ▶ 채 썰어요.

[A]
올리브유 1큰술
물 500㎖
소금 1/2작은술
후추 약간

[마무리]
유자 후추 1/2큰술
올리브유 2큰술
쪽파 1개 ▶ 얇게 어슷썰기하세요.

만들기

1_ 냄비에 A를 넣고 잘 섞은 다음 파스타 면과 부재료를 넣어요. 뚜껑을 덮고 중불에 익히면서, 수시로 휘저어 가며 구입한 파스타 포장지에 표시된 조리 시간대로 푹 삶습니다.

2_ 뚜껑을 열고 1~2분 더 졸입니다. 국물이 높이 1cm 정도로 남고, 파스타 면이 좋아하는 식감으로 익었을 때 불을 끄세요.

3_ 마무리의 유자 후추와 올리브유를 넣고 재빨리 버무립니다. 그릇에 옮겨 담고 쪽파를 뿌려요.

Note
- 삼겹살과 배추라는, 일본식 찜에 들어가는 재료로 파스타를 만들어요. 생강이 맛의 비밀이랍니다.
- 마무리 단계에서 유자 후추를 듬뿍 뿌리면 향과 풍미가 살아나요.

소시지와 햇감자 까르보나라
Saucisses et pommes de terre de primeur

재료

파르팔레 160g ▶ 대강 씻어 물에 담가 불려요.

부
소시지 8개 ▶ 반으로 비스듬히 잘라요.
햇감자 6개 ▶ 껍질째 깨끗하게 씻어서 반으로 잘라요.
햇양파 1/2개 ▶ 2cm 굵기로 빗모양썰기해요.

A
올리브유 1큰술
물 500㎖
소금 1/2작은술
후추 약간

마무리
달걀 소스 ▶ 거품기로 잘 섞어요.
  달걀 2개
  파르미지아노 레지아노 4큰술 ▶ 갈아요.
  물 2큰술
  굵게 간 후춧가루 적당량
무순 적당량

만들기

1_ 냄비에 A를 넣고 잘 섞은 다음 파스타 면과 부재료를 넣어요. 뚜껑을 덮고 중불에 익히면서, 수시로 휘저어 가며 구입한 파스타 포장지에 표시된 조리 시간대로 푹 삶습니다.

2_ 뚜껑을 열고 2~3분 더 졸입니다. 국물이 높이 1cm 정도로 남고, 파스타 면이 취향에 맞는 식감으로 익었을 때 불을 끄세요.

3_ 마무리의 달걀 소스를 부어 재빨리 버무립니다. 그릇에 옮겨 담고, 무순을 뿌리세요.

Note
• 초봄이 되어 햇감자가 채소가게 진열대에 올라오면 제일 먼저 만들고 싶은 파스타예요. 껍질째 먹는 맛을 만끽해 보세요.
• 껍질을 벗긴 일반 감자를 1cm 두께로 통썰기해서 대체해도 됩니다.

모로코풍 양고기와 가지
Pâtes Marocain

재료

스파게티니 160g ▶ 대강 씻어 물에 담가 불려요.

[본]
- 양고기(두껍게 썬 구이용) 200g ▶ 한입 크기로 썰어요.
- 가지 3개 ▶ 하나씩 랩에 싸서 전자레인지로 2분 익히고, 식으면 한입 크기로 마구 썰어요(28쪽 참조).
- 파프리카(노란색) 1개 ▶ 한입 크기로 마구 썰어요.
- 양파 1/4개 ▶ 잘게 다져요.
- 병아리콩(살짝 삶은 것) 150g ▶ 물기를 빼요.
- 생강 1쪽 ▶ 잘게 다져요.
- 마늘 1쪽 ▶ 칼자루로 3~4회 빻아요.
- 월계수 잎 1장

[A]
- 치킨 스톡 1/2개
- 올리브유 1큰술
- 카레 가루 1½큰술
- 토마토케첩 1큰술
- 토마토 통조림(홀) 캔(200g) ▶ 과육은 큼직하게 썰어요.
- 화이트와인 100㎖
- 물 300㎖
- 소금 1/2작은술
- 후추 조금

[마무리]
- 오크라 4개 ▶ 소금으로 박박 문질러 물로 헹군 다음 2㎜ 두께로 송송 썰어요.
- 프라이드 어니언(오른쪽의 별도 설명 참조) 적당량

Note
- 여러 조미료와 향미 채소를 조합한 깊이 있는 맛.
- 양고기가 없을 때는 소고기도 좋아요.
- 가지는 꼭지 그대로 전자레인지에 돌리면 터질 위험이 있으므로 반드시 제거해야 합니다.

만들기

1_ 냄비에 A를 넣고 잘 섞은 다음 파스타 면과 부재료를 넣어요. 뚜껑을 덮고 중불에 익히면서, 수시로 휘저어 가며 구입한 파스타 포장지에 표시된 조리 시간대로 푹 삶습니다.

2_ 뚜껑을 열고 1~2분 더 졸입니다. 국물이 높이 1㎝ 정도로 남고, 파스타 면이 취향에 맞는 식감으로 익었을 때 불을 끄세요. 그리고 그릇에 담습니다.

3_ 마무리의 오크라를 넣고 재빨리 버무립니다. 그릇에 옮겨 담은 후 프라이드 어니언을 얹어요.

프라이드 어니언

재료와 만드는 법

1_ 양파 1/4개를 가늘게 썰어서 소맥분 적당량을 얇게 묻힙니다.

2_ 프라이팬에 기름을 1㎝ 정도의 높이로 붓고, 약한 중불로 양파를 튀깁니다([a] 참조). 색이 조금 노릇노릇해지면 꺼내서 종이호일 위에 올려 기름을 뺍니다.

남은 열에도 익으니 조금 빨리 꺼내도 좋아요.

Plat d'accompagnement   잘 어울리는 사이드 메뉴

오이와 민트 요거트 샐러드

재료 — 만들기 쉬운 분량

- 오이 1개 ▶ 채칼로 줄무늬가 생기게 껍질을 벗긴 후 1㎝ 길이로 잘라요.
- 민트 잎 10~12개
  ▶ 장식용으로 4~5장을 빼두고 나머지를 채 썰어요.

[A]
- 플레인 요거트(무설탕) 100㎖
- 마늘 1/2쪽 ▶ 갈아요.
- 올리브유 1작은술
- 레몬즙 1/2작은술
- 소금 1/2작은술
- 후추 조금

만들기

1_ 볼에 A를 넣고 잘 섞은 다음 오이와 채 썬 민트 잎을 넣고 한데 버무립니다.

2_ 그릇에 옮겨 담고 장식용으로 남긴 민트 잎을 얹어요.

베이컨과 방울토마토 알리오 올리오
Bacon et tomates cerises

재료

페델리니(1.4mm) 160g ▶ 대강 씻어 물에 담가 불려요.

[부]
베이컨(얇게 썬 것) 5장 ▶ 3cm 너비로 썰어요.
방울토마토 20개 ▶ 꼭지를 따요.
안초비(필레) 3장 ▶ 잘게 다져요.
마늘 1쪽 ▶ 칼자루로 3~4회 빻아요.
빨간 고추(송송 썬 것)

[A]
올리브유 1큰술
물 450㎖
소금 1/2작은술
후추 약간

[마무리]
바질 잎 4~5장 ▶ 굵게 썰어요.
올리브유 2큰술
마늘칩(오른쪽의 별도 설명 참조) 적당량

Note
- 푹 익혀 단맛을 늘린, 방울토마토의 신선한 맛.
- 마지막에 뿌린 마늘칩이 식감을 돋워요. 많이 만들어서 보관해 두었다가, 다른 파스타 혹은 요리에 활용해도 좋아요.

만들기

1_ 냄비에 A를 넣고 잘 섞은 다음 파스타 면과 부재료를 넣어요. 뚜껑을 덮고 중불에 끓이면서, 수시로 휘저어 가며 구입한 파스타 포장지에 표시된 조리 시간대로 푹 삶습니다.

2_ 뚜껑을 열고 1~2분 더 졸입니다. 국물이 높이 1cm 정도로 남고, 파스타 면이 좋아하는 식감으로 익었을 때 불을 끄세요.

3_ 마무리의 바질과 올리브유를 넣고 재빨리 버무립니다. 그리고 그릇에 옮겨 담은 후 마늘칩을 뿌리세요.

마늘칩

재료와 만드는 법

1_ 마늘 2~3개를 얇게 통썰기합니다.

2_ 프라이팬을 비스듬히 기울인 다음 끝에 마늘을 넣고, 푹 적실 정도로 올리브유를 적당히 뿌려요. 약한 중불에서 마늘을 뒤집어 가며 노릇노릇해질 때까지 가열합니다 (ⓐ 참조). 그리고 종이호일 위에 올려 기름을 뺍니다.

적은 기름을 써서 효율적으로 튀겨요.

닭고기와 순무 알리오 올리오
Poulet aux navets

재료

푸실리 160g ▶ 대강 씻어 물에 담가 불려요.

[표]
닭다리살 1개(250g)
▶ 세로로 반 자른 다음 3cm 너비로 포 뜨듯 썰어요.
순무 2개 ▶ 껍질째 6~8등분으로 빗모양썰기합니다.
마늘 1쪽 ▶ 칼자루로 3~4회 빻아요.
마늘칩(46쪽 참조) 1개분 ▶ 잘게 다져요.
빨간 고추 1개 ▶ 송송 썰어요.

[A]
올리브유 1큰술
화이트와인 50㎖
물 450㎖
소금 1/2작은술
후추 약간

[마무리]
순무 잎 2개분 ▶ 5mm 길이로 썰어요.
올리브유 2큰술

만들기

1_ 냄비에 A를 넣고 잘 섞은 다음 파스타 면과 부재료를 넣어요. 뚜껑을 덮고 중불에서 익히면서, 수시로 휘저어 가며 구입한 파스타 포장지에 표시된 조리 시간대로 푹 삶습니다.

2_ 뚜껑을 열고 2~3분 더 졸입니다. 국물이 높이 1㎝ 정도로 남고, 파스타 면이 취향에 맞는 식감으로 익었을 때 불을 끄세요.

3_ 마무리의 순무 잎과 올리브유를 넣고 재빨리 버무려 그릇에 옮겨 담아요.

Note
· 순무는 껍질째 익혀 씹히는 맛을 남겨주세요.
· 삶는 시간이 12분보다 짧은 파스타 면을 쓸 경우에는 닭고기를 조금 더 작게 썰든지 삶는 시간을 길게 합니다.

스파게티니 160g
▶ 대강 씻어 물에 담가 불려요.

주
- 초리소 1/2개(75g) ▶ 5mm 너비로 어슷썰기합니다.
- 베이컨(블록) 50g ▶ 1cm 크기로 깍둑썰기해요.
- 껍질콩(스냅피) 10개 ▶ 꼭지와 심을 제거해요.
- 꼬투리강낭콩(가는 것) 15~16개 ▶ 꼭지를 따요.
- 누에콩(꼬투리에서 꺼내요) 120g ▶ 얇은 껍질을 벗겨냅니다.
- 마늘 1쪽 ▶ 칼자루로 3~4회 빻아요.

A
- 올리브유 1큰술
- 물 500㎖
- 소금 1/2작은술
- 후추 약간

마무리
- 올리브유 2큰술

1_ 냄비에 A를 넣고 잘 섞은 다음 파스타 면과 주재료를 넣어요. 뚜껑을 덮고 중불에 익히면서, 수시로 휘저어 가며 파스타 포장지에 표시된 조리 시간대로 푹 삶습니다.

2_ 뚜껑을 열고 1~2분 더 졸입니다. 국물이 높이 1cm 정도로 남고, 파스타 면이 좋아하는 식감으로 익었을 때 불을 끄세요.

3_ 마무리의 올리브유를 넣고 재빨리 버무려 그릇에 옮겨 담아요.

Note
- 초리소와 베이컨의 맛이 소스에 푹 배어 감칠맛을 살려요.
- 베이컨은 얇게 썬 것 3장을 1cm 너비로 썰어서 대체해도 좋아요.

초리소와 콩채소 오일 소스
Haricots au chorizo

소시지와 당근과 완두콩 오렌지 버터 소스
Saucisses, carottes, petits pois

재료

펜네 160g ▶ 대강 씻어 물에 담가 불려요.
소시지 6개 ▶ 1cm 길이로 썰어요.
당근 1/2개 ▶ 1cm 크기로 깍둑썰기해요.
완두콩(꼬투리에서 꺼내요) 120g
양파 1/2개 ▶ 1cm 크기로 깍둑썰기해요.

A
올리브유 1큰술
오렌지즙 2개분(200㎖)
물 300㎖
소금 1/2작은술
후추 약간

마무리
오렌지 껍질(수확 후에 농약을 치지 않은 것) 2개분
▶ 오렌지 껍질의 노란 부분만 얇게 깎아 채 썰기합니다.
버터 2큰술 ▶ 실온에 두어서 말랑말랑한 상태로 만드세요.

만들기

1_ 냄비에 A를 넣고 잘 섞은 다음 파스타 면과 부재료를 넣어요. 뚜껑을 덮고 중불에 익히면서, 수시로 휘저어 가며 구입한 파스타 포장지에 표시된 조리 시간대로 푹 삶습니다.

2_ 뚜껑을 열고 2~3분 더 졸입니다. 국물이 높이 1cm 정도로 남고, 파스타 면이 취향에 맞는 식감으로 익었을 때 불을 끄세요.

3_ 마무리의 오렌지 껍질과 버터를 넣고 재빨리 버무려 그릇에 옮겨 담아요.

Note
• 오렌지 향기가 산뜻한, 은근히 달콤하면서도 담백한 소스. 색감도 예쁘답니다.
• 오렌지 즙이 분량에 못 미칠 경우에는 물을 넣어서 200㎖로 맞추세요. 100% 오렌지주스로 대체할 수 있어요.

미니 미트볼 콘크림 소스
Petites boulettes de viande

재료
페투치네 160g ▶ 대강 씻어 물에 담가 불려요.

본
다진 고기(소고기+돼지고기) 200g
▶ 잘 치댄 다음 30등분하여 동그랗게 굴려요.(ⓐ 참조).
콘크림(통조림) 100㎖ (ⓑ 참조)
그린 아스파라거스 5줄기
▶ 1.5cm 길이로 썰어요.
양파 1/4개 ▶ 잘게 다져요.

A
올리브유 1큰술
물 500㎖
소금 1/2작은술
후추 약간

마무리
생크림 100㎖
굵게 간 후춧가루 적당량

만들기

1_ 냄비에 A를 넣고 잘 섞은 다음 다진 고기가 제일 위에 오도록 해서 파스타 면과 부재료를 모두 넣어요. 뚜껑을 덮고 중불에 익히다가 끓어서 고기 색깔이 변하면, 수시로 휘저어 가며 구입한 파스타 포장지에 표시된 조리 시간대로 푹 삶습니다.

2_ 뚜껑을 열고 1~2분 더 졸입니다. 국물이 높이 1cm 정도로 남고, 파스타 면이 마음에 드는 식감으로 익었을 때 불을 끄세요.

3_ 마무리의 생크림을 넣고 재빨리 버무려요. 그리고 그릇에 옮겨 담은 다음 후춧가루를 뿌립니다.

Note
• 크림 계열의 농후한 소스가 납작한 면과 어우러져 계속 찾고 싶은 맛.
• 미트볼이 망가지지 않도록 재료의 제일 위에 올려서 요리합니다.

다진 고기는 잘 뭉쳐지게 하는 재료 없이 순수한 고기만으로 동글게 만들기 때문에 고기가 익을 때까지 두었다가 살짝살짝 휘저으면 모양이 흐트러지지 않아요. 잘 익을 수 있게 작은 크기로 만드는 것이 포인트입니다.

콘크림 통조림을 소스로 사용합니다. 간단하게 진한 맛을 만들어낼 수 있어요.

스트로가노프*풍 소고기와 버섯
Bœuf aux champignons

*저민 소고기를 양파와 함께 볶아 러시아식 사워크림 소스를 곁들여 먹는, 19세기의 러시아 외교관 스트로가노프 백작의 이름을 따서 만든 러시아 대표 요리. — 옮긴이)

재료

링귀네 160g ▶ 대강 씻어 물에 담가 불려요

분
- 잘게 썬 소고기 200g
- 만가닥버섯 1팩 ▶ 잘게 나눠요
- 표고버섯 6개 ▶ 1cm 너비로 썰어요
- 양파 1/2개 ▶ 섬유에 수직으로 1cm 너비가 되도록 썰어요

A
- 데미글라스 소스(통조림) 100㎖ (a 참조)
- 올리브유 1큰술
- 레드와인 200㎖
- 물 300㎖
- 소금 1/2작은술
- 후추 약간

마무리
- 생크림 100㎖
- 크레송 적당량

만들기

1_ 냄비에 A를 넣고 잘 섞은 다음 파스타 면과 부재료를 넣어요. 뚜껑을 덮고 중불에 익히면서, 수시로 휘저어 가며 구입한 파스타 포장지에 표시된 조리 시간대로 푹 삶습니다.

2_ 뚜껑을 열고 2~3분 더 졸입니다. 국물이 높이 1cm 정도로 남고, 파스타 면이 취향에 맞는 식감으로 익었을 때 불을 끄세요.

3_ 마무리의 생크림 1/2을 넣고 재빨리 버무려요. 그릇에 옮겨 담은 다음 나머지 생크림을 붓고 그 위에 크레송을 얹습니다.

Note
- 비프 스트로가노프를 파스타로 만들어본 호화로운 요리로 귀한 손님 대접에 안성맞춤이랍니다.

a 데미글라스 소스 통조림이 없는 경우에는 토마토케첩 4큰술+우스터소스 1큰술+간장 1큰술+미림 1큰술을 섞어서 대체해도 됩니다.

돼지 안심과
양송이버섯 머스터드 크림 소스
Filet mignon de porc aux champignons

재료

스파게티(1.7mm) 160g ▶ 대강 씻어 물에 담가 불려요.

[부]
돼지고기 안심 덩어리 200g
▶ 5㎝ 길이로 썬 후 세로로 4등분합니다.
양송이버섯 8개 ▶ 세로로 4등분합니다.
로즈마리 1줄기

[A]
올리브유 1큰술
생크림 100㎖
화이트와인 50㎖
물 350㎖
소금 1/2작은술
후추 약간

[마무리]
머스터드 가루 1큰술
생크림 100㎖
로즈마리 적당량 ▶ 줄기 끝에 달린 잎을 뜯어요.

만들기

1_ 냄비에 A를 넣고 잘 섞은 다음 파스타 면과 부재료를 넣어요. 뚜껑을 덮고 중불에 익히면서, 수시로 휘저어 가며 구입한 파스타 포장지에 표시된 조리 시간대로 푹 삶습니다.

2_ 뚜껑을 열고 1~2분 더 졸입니다. 국물이 높이 1㎝ 정도로 남고, 파스타 면이 취향에 맞는 식감으로 익었을 때 불을 끄세요.

3_ 마무리의 머스터드 가루와 생크림을 넣고 재빨리 버무립니다. 그리고 그릇에 옮겨 담은 후 로즈마리를 뿌립니다.

Note
• 풍미를 잘 살리기 위해 톡 쏘는 머스터드 가루가 들어간 크림 소스를 마무리 단계에 넣어요.

Plat d'accompagnement   잘 어울리는 사이드 메뉴

래디시 핑크 피클

재료 — 만들기 쉬운 분량

래디시 10개 ▶ 잎을 잘라내요.
연근 1/2마디 ▶ 2㎝ 크기로 깍둑썰기하고, 물에 2~3분 담가 아린 맛을 제거합니다.
콜리플라워 1/4개 ▶ 잘게 나눠요.

[A]
벌꿀 2큰술
식초 100㎖
물 150㎖
소금 1/2큰술
후추 약간
월계수 잎 1장

만들기

1_ 내열성 있는 볼에 A를 넣어 잘 섞습니다.

2_ 남은 재료를 넣고 랩을 살짝 씌운 다음 전자레인지로 3분 정도 익힙니다. 꺼내서 야무지게 섞은 다음 랩에 구멍을 뚫어 덮고 그대로 식혀요.

*냉장고에 4~5일 정도 보존 가능합니다.

카르네풍 칠리 콘
Chili con carne

재료

펜네 160g ▶ 대강 씻어 물에 담가 불려요

[부]
다진 고기(소고기+돼지고기) 150g
믹스 빈즈(통조림) 1캔(130g) [a] 참조
양파 1/2개 ▶ 잘게 다져요
마늘 1쪽 ▶ 칼자루로 3~4회 빻아요
빨간 고추(송송 썬 것)

[A]
치킨 스톡 1/2개
카레 가루 1큰술
올리브유 1큰술
우스터 소스 1큰술
토마토케첩 2큰술
토마토 통조림(홀) 1/2캔(200g) ▶ 과육은 큼직하게 썰어요
물 400㎖
소금 1/2작은술
후추 약간

[마무리]
파르미지아노 레지아노 적당량
▶ 갈아요

선호하는 콩 통조림을 써도 됩니다.

만들기

1_ 냄비에 A를 넣고 잘 섞은 다음 파스타 면과 부재료를 넣어요. 뚜껑을 덮고 중불에 익히면서, 수시로 휘저어 가며 구입한 파스타 포장지에 표시된 조리 시간대로 푹 삶습니다.

2_ 뚜껑을 열고 2~3분 더 졸입니다. 국물이 높이 1㎝ 정도로 남고, 파스타 면이 취향에 맞는 식감으로 익었을 때 불을 끄세요.

3_ 그릇에 담고, 마무리의 파르미지아노 레지아노를 뿌립니다.

Note
- 스파이시한 토마토 소스로 이국적인 느낌에 빠져드는 파스타.
- 쇼트 파스타 면이 잘 어울리므로 여기서는 반드시 펜네를 쓰세요.

미트 소스
Sauce à spaghetti à la viande

재료

스파게티(2.2mm) 160g ▶ 대강 씻어 물에 담가 불려요

부
- 다진 고기(소고기+돼지고기) 150g
- 표고버섯 6개 ▶ 잘게 다져요
- 양파 1/2개 ▶ 잘게 다져요
- 마늘 1쪽 ▶ 칼자루로 3~4회 빻아요
- 월계수 잎 1장

A
- 치킨 스톡 1/2개
- 올리브유 1큰술
- 토마토케첩 1큰술
- 토마토 통조림(홀) 1/2캔(200g) ▶ 과육은 큼직하게 썰어요
- 레드와인 100㎖
- 물 400㎖
- 소금 1/2작은술
- 후추 약간

마무리
- 파르미지아노 레지아노 적당량 ▶ 갈아요

만들기

1_ 냄비에 A를 넣고 잘 섞은 다음 파스타 면과 부재료를 넣어요. 뚜껑을 덮고 중불에서 익히면서, 수시로 휘저어 가며 구입한 파스타 포장지에 표시된 조리 시간대로 푹 삶습니다.

2_ 뚜껑을 열고 3~4분 더 졸입니다. 국물이 높이 1cm 정도로 남고, 파스타 면이 취향에 맞는 식감으로 익었을 때 불을 끄세요.

3_ 그릇에 담고, 마무리의 파르미지아노 레지아노를 뿌립니다.

Note
- 굵은 면에 잘 어울리는 클래식한 간단 버전 미트 소스.
- 뚜껑을 연 다음 조금 오래 익히는 것이 포인트.

어패류가 주인공인
마법의 파스타

새우와 주키니 레몬크림 소스
Crevettes et courgettes

재료

스파게티니 (1.6mm) 160g ▶ 대강 씻어 물에 담가 불려요.

본
삶은 새우 (껍질과 머리 뗀 것) 12마리
▶ 꼬리만 남기고 껍질과 내장을 제거합니다.

주키니 호박 1개 ▶ 5mm 두께로 통썰기하세요.
완두콩 (생) 60g
레몬 (수확 후에 농약을 치지 않은 것) 1/2개
▶ 통썰기하세요

A
올리브유 1큰술
생크림 100㎖
물 400㎖
소금 1/2작은술
후추 약간

마무리
생크림 100㎖
레몬 껍질 (수확 후에 농약을 치지 않은 것) 1/2개분
▶ 노란 부분만 얇게 깎아 채썰기하세요.
딜 적당량 ▶ 굵게 썰어요.

만들기

1_ 냄비에 A를 넣고 잘 섞은 다음 파스타 면과 부재료를 넣어요. 뚜껑을 덮고 중불에 익히면서, 수시로 휘저어 가며 구입한 파스타 포장지에 표시된 조리 시간대로 푹 삶습니다.

2_ 뚜껑을 열고 1~2분 더 졸입니다. 국물이 높이 1cm 정도로 남고, 파스타 면이 취향에 맞는 식감으로 익었을 때 불을 끄세요.

3_ 마무리의 생크림을 끼얹고 재빨리 버무려요. 그리고 그릇에 옮겨 담은 후 레몬 껍질을 얹고 딜을 뿌립니다.

Note
• 어패류에 잘 어울리는 산뜻한 풍미의 레몬크림 소스.
• 생 완두콩이 없을 때는 냉동 완두콩을 얼린 채로 넣어요. 통조림을 써도 괜찮습니다.

〈이 장에 대하여〉

▶ 생선, 조개 등이 듬뿍 들어가는 화려한 파스타예요. 손님 대접에 어울린답니다.

▶ 어패류에 잘 어울리는 산뜻한 맛의 소스가 많습니다. 여러 어패류와 조합해 보세요.

▶ 조개는 파스타 면을 삶는 시간 동안 충분히 익을 수 있게 썰어 사용하는데,
  설익었을 경우에는 파스타만 먼저 꺼내고 어패류는 충분히 익혀주세요.

아쿠아파차*풍 금눈돔
Poisson à l'eau folle

*지중해식 삶은 생선요리. — 옮긴이

재료

스파게티(1.7mm) 160g ▶ 대강 씻어 물에 담가 불려요.

본
- 금눈돔(도막) 2도막 ▶ 2cm 두께로 포뜨기합니다.
- 바지락(해감한 것) 10개
- 방울토마토 10개 ▶ 꼭지를 따요.
- 올리브(씨 있는 것, 검은색과 녹색) 8개씩
- 안초비(필레) 2장 ▶ 잘게 다져요.
- 케이퍼 1작은술

A
- 올리브유 1큰술
- 화이트와인 100㎖
- 물 400㎖
- 소금 1/2작은술
- 후추 약간

마무리
- 올리브유 2큰술
- 바질 잎 3~4장 ▶ 굵게 썰어요.
- 이탈리안 파슬리 1줄기 ▶ 잎을 뜯어서 굵게 썰어요.

만들기

1_ 냄비에 A를 넣고 잘 섞은 다음 파스타 면과 부재료를 넣어요. 뚜껑을 덮고 중불에 익히면서, 수시로 휘저어 가며 구입한 파스타 포장지에 표시된 조리 시간대로 푹 삶습니다.

2_ 뚜껑을 열고 1~2분 더 졸입니다. 국물이 높이 1cm 정도로 남고, 파스타 면이 취향에 맞는 식감으로 익었을 때 불을 끄세요.

3_ 마무리의 올리브유를 첨가하고 재빨리 버무립니다. 그리고 그릇에 옮겨 담은 후 바질과 이탈리안 파슬리를 뿌리세요.

Note
- 바지락 국물에 안초비의 감칠맛, 허브 향기로 맛을 강조한 파스타. 냄비 그대로 내고 싶어지는 호화로움이 포인트입니다.
- 금눈돔 이외에 도미, 농어, 벤자리 등 선호하는 흰살생선으로 요리해 보세요.

Plat d'accompagnement — 잘 어울리는 사이드 메뉴

망고와 생햄 샐러드

재료 — 만들기 쉬운 분량
- 망고 1개 ▶ 중앙에 있는 씨를 피해 옆 부분을 잘라 껍질을 벗기고 세로로 삼등분하세요.
- 생햄 6장
- 중국 상추 적당량 ▶ 먹기 좋은 크기로 찢어요.

만들기
그릇에 중국 상추를 깔고 망고와 생햄을 올립니다.

부야베스*풍 고등어와 대파
Maquereaux et oignons verts

*프랑스 남부에서 즐겨 먹는 전통 해산물 수프. — 옮긴이

재료

페투치네 160g ▶ 대강 씻어낸 물에 담가 불려요.

본
- 고등어(살을 발라낸 것) 큰 것 1도막(200g) ▶ 1cm 폭으로 썰어요
- 바지락(해감한 것) 10개
- 대파 1개 ▶ 5cm 길이로 잘라 흰 부분은 마무리용으로 남겨두고, 나머지는 세로로 4등분해서 썰어요.
- 셀러리 1개 ▶ 길이 5cm, 너비 1cm로 얄팍썰기합니다.

- 치킨 스톡 1/2개
- 올리브유 1큰술
- 토마토 통조림(홀) 1/2캔(200g) ▶ 과육은 큼직하게 썰어요.
- 화이트와인 100㎖
- 물 300㎖
- 소금 1/2작은술
- 후추 약간

마무리
- 레몬 2조각 ▶ 빗모양썰기합니다.
- 루예 ▶ 미리 섞어 둡니다.
  - 마요네즈 2큰술
  - 마늘 1/2쪽 ▶ 갈아요.

만들기

1_ 냄비에 A를 넣고 잘 섞은 다음 파스타 면과 부재료(파의 흰색 부분은 뺍니다)를 넣어요. 뚜껑을 덮고 중불에 익히면서, 수시로 휘저어 가며 구입한 파스타 포장지에 표시된 조리 시간대로 푹 삶습니다.

2_ 뚜껑을 열고 1~2분 더 졸입니다. 국물이 높이 1cm 정도로 남고, 파스타 면이 취향에 맞는 식감으로 익었을 때 불을 끄세요.

3_ 그릇에 옮겨 담고 흰 파를 올린 후 마무리의 레몬과 루예를 곁들여요.

Note
• 마요네즈와 마늘로 간단하게 루예를 만들어 곁들이고, 레몬을 살짝 짜 넣으면 맛있는 파스타가 완성된답니다.

명란 버터 파스타
Œufs de morue

재료

페델리니(1.4mm) 160g ▶ 대강 씻어 물에 담가 불려요

A
- 올리브유 1큰술
- 물 450㎖
- 소금 1/2작은술
- 후추 약간

마무리
- 버터 3큰술 ▶ 실온에 두어서 말랑말랑하게 만들어요
- 명란젓(큰 것) 1개(100g) ▶ 속에 든 알을 꺼내요
- 경수채 2단 ▶ 4㎝ 길이로 썰어요
- 양하 2개 ▶ 세로로 반 잘라서 얇게 어슷썰기하세요
- 푸른 차조기 4장 ▶ 세로로 반 잘라서 채 썰어요

만들기

1_ 냄비에 A를 넣고 잘 섞은 다음 파스타 면과 부재료를 넣어요. 뚜껑을 덮고 중불에 익히면서, 수시로 휘저어 가며 구입한 파스타 포장지에 표시된 조리 시간대로 푹 삶습니다.

2_ 뚜껑을 열고 1~2분 더 졸입니다. 국물이 높이 1㎝ 정도로 남고, 파스타 면이 취향에 맞는 식감으로 익었을 때 불을 끄세요.

3_ 마무리의 버터, 명란, 경수채를 넣고 재빨리 버무린 후 그릇에 옮겨 담습니다. 그리고 양하와 푸른 차조기를 뿌립니다.

Note
- 들어가는 재료라고는 마무리 단계에 넣는 것이 전부인 일본식 '무침 파스타'. 아삭아삭한 경수채의 식감과 명란에서 느껴지는 날것의 느낌을 잘 살리기 위해서랍니다.

대구 감자 파슬리 크림 소스
Morue aux pommes de terre

재료

펜네 160g ▶ 대강 씻어 물에 담가 불려요.

- 생대구(도막) 2도막 ▶ 2㎝ 두께로 포뜨기합니다.
- 감자 2개 ▶ 2㎝ 크기로 깍둑썰기해요.
- 양파 1/4개 ▶ 잘게 다져요.
- 안초비(필레) 2조각 ▶ 잘게 다져요.
- 마늘 1쪽 ▶ 칼자루로 3~4회 빻아요.

A
- 올리브유 1큰술
- 생크림 100㎖
- 화이트와인 100㎖
- 물 300㎖
- 소금 1/2작은술
- 후추 약간

마무리
- 이탈리안 파슬리 3~4줄기 ▶ 잎을 뜯어 잘게 다져요.
- 생크림 100㎖
- 크루톤(오른쪽의 별도 설명 참조) 적당량

Note
- 향을 내기 위하여 마무리 단계에서 이탈리안 파슬리를 듬뿍 넣어요.
- 바삭바삭한 크루톤이 요리의 포인트랍니다.

만들기

1_ 냄비에 A를 넣고 잘 섞은 다음 파스타 면과 부재료를 넣어요. 뚜껑을 덮고 중불에 익히면서, 수시로 휘저어 가며 구입한 파스타 포장지에 표시된 조리 시간대로 푹 삶습니다.

2_ 뚜껑을 열고 2~3분 더 졸입니다. 국물이 높이 1㎝ 정도로 남고, 파스타 면이 취향에 맞는 식감으로 익었을 때 불을 끄세요.

3_ 마무리의 이탈리안 파슬리와 생크림을 넣고 재빨리 버무립니다. 그리고 그릇에 옮겨 담은 후 크루톤을 뿌립니다.

크루톤

재료와 만드는 법

식빵(8개 든 것) 2장의 테두리 부분을 떼어내 1㎝ 크기로 네모지게 자릅니다. 프라이팬에 넣고 중불에서 나무 주걱 등으로 휘저어 가며 노릇노릇해질 때까지 굽습니다(a 참조).

남은 식빵이나 바게트 등으로 간단히 만들 수 있습니다. 시판 제품을 사용해도 좋습니다.

연어와 소송채 갈릭 버터 소스
Saumon et komatsuna

재료

파르팔레 160g ▶ 대강 씻어 물에 담가 불려요

생연어(도막) 2도막 ▶ 2cm 크기로 깍둑썰기해요
소송채 1/3단 ▶ 3cm 길이로 썰어요
양파 1/4개 ▶ 잘게 다져요
마늘 1쪽 ▶ 칼자루로 3~4회 빻아요

A
올리브유 1큰술
화이트와인 100㎖
물 400㎖
소금 1/2작은술
후추 조금씩

마무리
버터 2큰술 ▶ 실온에 두어서 부드러워지게 하세요
마늘 1/2쪽 ▶ 갈아요

만들기

1_ 냄비에 A를 넣고 잘 섞은 다음 파스타 면과 부재료를 넣어요. 뚜껑을 덮고 중불에 끓이면서, 수시로 휘저어 가며 구입한 파스타 포장지에 표시된 조리 시간대로 푹 삶습니다.

2_ 뚜껑을 열고 2~3분 더 졸입니다. 국물이 높이 1cm 정도로 남고, 파스타 면이 취향에 맞는 식감으로 익었을 때 불을 끄세요.

3_ 마무리의 버터와 마늘을 넣고 재빨리 버무려 그릇에 옮겨 담아요.

Note
- 친숙한 식재료로 만드는 서양식 파스타. 소송채 말고 다른 좋아하는 푸른 채소로 만들어도 좋아요.
- 버터와 마늘의 풍미를 남기기 위해 마무리 단계에 넣어 남은 열에서 녹여 먹어요.

해산물과
말린 토마토 스파게티 →66쪽
Fruits de mer et tomates séchées

가리비와
완두콩 새싹 알리오 올리오 →67쪽
Coquilles Saint-Jacques et pousses de pois

# 해산물과 말린 토마토 스파게티
Fruits de mer et tomates séchées

재료

- 스파게티(1.7mm) 160g ▶ 대강 씻어 물에 담가 불려요.
- **부**
  - 오징어 몸통 1마리분 ▶ 1cm 두께로 통썰기합니다.
  - 홍합 8개
  - 껍질 벗긴 새우 120g
  - 말린 토마토 5~6개
  - 마늘 1쪽 ▶ 칼자루로 3~4회 빻아요.
- **A**
  - 올리브유 1큰술
  - 화이트와인 100㎖
  - 물 400㎖
  - 소금 1/2작은술
  - 후추 약간
- **마무리**
  - 이탈리안 파슬리 2줄기 ▶ 잎을 뜯어 굵게 썰어요.
  - 올리브유 2큰술

만들기

1. 냄비에 A를 넣고 잘 섞은 다음 파스타 면과 부재료를 넣어요. 뚜껑을 덮고 중불에 익히면서, 수시로 휘저어 가며 구입한 파스타 포장지에 표시된 조리 시간대로 푹 삶습니다.
2. 뚜껑을 열고 1~2분 더 졸입니다. 국물이 높이 1cm 정도로 남고, 파스타 면이 취향에 맞는 식감으로 익었을 때 불을 끄세요.
3. 마무리의 이탈리안 파슬리와 올리브유를 넣고 재빨리 버무린 다음 그릇에 옮겨 담습니다.

Note
- 생 토마토가 아닌 말린 토마토를 쓰면 소스가 묽어지지 않고, 어패류의 맛을 잘 살려 줍니다.
- 홍합 대신 바지락 150g을 넣어도 좋아요.

Plat d'accompagnement — 잘 어울리는 사이드 메뉴

붉은 강낭콩 마리네

재료 — 만들기 쉬운 분량

- 붉은 강낭콩(드라이 팩) 120g
- 적양파 1/4개 ▶ 잘게 다져요.
- 이탈리안 파슬리 적정량
- **A**
  - 올리브유 2큰술
  - 설탕 1/2작은술
  - 레몬즙 2큰술
  - 물 3큰술
  - 소금 1/3작은술
  - 후추 약간

만들기

볼에 A를 넣고 잘 섞은 후 붉은 강낭콩과 적양파를 넣고 버무립니다. 20분 이상 놔두어 맛이 잘 배여 들면 그릇에 담고 이탈리안 파슬리를 손으로 찢어 뿌려요.

가리비와 완두콩 새싹 알리오 올리오
Coquilles Saint-Jacques et pousses de pois

재료

스파게티니(1.6mm) 160g ▶ 대강 씻어 물에 담가 불려요

분
- 가리비(작은 것) 16개
- 마늘 1쪽 ▶ 칼자루로 3~4회 빻아요
- 빨간 고추(송송 썬 것) 1작은술

A
- 올리브유 1큰술
- 물 500㎖
- 소금 1/2작은술
- 후추 약간

마무리
- 완두콩 새싹 1팩 ▶ 길이를 반으로 나눠요
- 올리브유 2큰술

만들기

1_ 냄비에 A를 넣고 잘 섞은 다음 파스타 면과 부재료를 넣어요. 뚜껑을 덮고 중불에 끓이면서, 수시로 휘저어 가며 구입한 파스타 포장지에 표시된 조리 시간대로 푹 삶습니다.

2_ 뚜껑을 열고 1~2분 더 졸입니다. 국물이 높이 1cm 정도로 남고, 파스타 면이 취향에 맞는 식감으로 익었을 때 불을 끄세요.

3_ 마무리의 완두콩 새싹과 올리브유를 넣고 재빨리 버무린 다음 그릇에 옮겨 담습니다.

Note
- 심플하면서도 질리지 않는 맛.
- 가리비가 클 때는 두께를 반으로 잘라 불에 잘 익히세요.

Plat d'accompagnement — 잘 어울리는 사이드 메뉴

후르츠와 견과류 카망베르 카나페

재료 — 만들기 쉬운 분량

카망베르 1개(100g)
▶ 두께를 반으로 잘라요

A
- 좋아하는 드라이 후르츠
  (살구, 무화과 등) 총 30g
  ▶ 굵게 썰어요
- 좋아하는 견과류
  (안주용 피스타치오, 아몬드 등) 총 15g
  ▶ 굵게 쪼개요

만들기

카망베르에 A를 예쁘게 올리고, 먹기 좋은 크기로 잘라 먹습니다.

잔멸치, 꽃새우, 풋고추 알리오 올리오 →70쪽
Shirasu, crevettes, piments verts

문어와 파프리카 토마토 소스 →71쪽
Poulpe au paprika

잔멸치, 꽃새우, 풋고추 알리오 올리오
Shirasu, crevettes, piments verts

재료
카펠리니 160g ▶ 대강 씻어 물에 담가 불려요.

본
- 잔멸치 30g
- 꽃새우(건조) 4큰술
- 풋고추 2개 ▶ 송송 썰어요.
- 마늘 2쪽 ▶ 칼자루로 3~4회 빻아요.

A
- 올리브유 1큰술
- 물 400㎖
- 소금 1/2작은술
- 후추 약간

마무리
- 꽈리고추 6개 ▶ 송송 썰어요.
- 올리브유 2큰술

만들기
1_ 냄비에 A를 넣고 잘 섞은 다음 파스타 면과 부재료를 넣어요. 뚜껑을 덮고 중불에 끓이면서, 수시로 휘저어 가며 구입한 파스타 포장지에 표시된 조리 시간대로 푹 삶습니다.

2_ 뚜껑을 열고 30초~1분 더 졸입니다. 국물이 높이 1cm 정도로 남고, 파스타 면이 취향에 맞는 식감으로 익었을 때 불을 끄세요.

3_ 마무리의 꽈리고추와 올리브유를 넣고 재빨리 버무린 다음 그릇에 옮겨 담습니다.

Note
- 얇은 카펠리니는 마치 쌀국수 같은 느낌으로 완성돼요. 면이 술술 들어가 먹기 편하답니다.
- 풋고추로 산뜻한 뒷맛이 남아요.

Plat d'accompagnement   잘 어울리는 사이드 메뉴

무와 햄 밀푀유

재료 — 만들기 쉬운 분량
무 3cm
▶ 껍질째 3~4mm 두께로 통썰기해서 7장을 만들어요.

로스햄 6장

A
- 식초 2큰술
- 설탕 2작은술
- 소금 1/3작은술

만들기
1_ 볼에 A를 넣어 섞고 무를 넣어 4~5분 동안 절여 둡니다. 무가 나긋나긋해지면 물기를 씻어냅니다.

2_ 무와 로스햄을 교대로 겹친 후 과일꽂이를 6개 꽂고 6등분해요.

문어와 파프리카 토마토 소스
Poulpe au paprika

재료

- 링귀네 160g ▶ 대강 씻어 물에 담가 불려요.
- [분]
  - 삶은 문어 다리 2개(200g) ▶ 1.5cm 길이로 썰어요.
  - 파프리카(빨강, 노랑) 각 1/2개 ▶ 5mm 너비로 가늘게 썰어요.
  - 셀러리 1/2개 ▶ 1cm 너비로 어슷썰기합니다.
  - 올리브(까만 것) 10개
  - 양파 1/4개 ▶ 잘게 다져요.
  - 마늘 1쪽 ▶ 칼자루로 3~4회 빻아요.
  - 월계수 잎 1장
- [A]
  - 치킨 스톡 1/2개
  - 올리브유 1큰술
  - 토마토케첩 1큰술
  - 토마토 통조림(홀) 1/2캔(200g) ▶ 과육은 큼직하게 썰어요.
  - 화이트와인 50㎖
  - 물 350㎖
  - 소금 1/2작은술
  - 후추 약간

만들기

1_ 냄비에 A를 넣고 잘 섞은 다음 파스타 면과 부재료를 넣어요. 뚜껑을 덮고 중불에 익히면서, 수시로 휘저어 가며 구입한 파스타 포장지에 표시된 조리 시간대로 푹 삶습니다.

2_ 뚜껑을 열고 2~3분 더 졸입니다. 국물이 높이 1cm 정도로 남고, 파스타 면이 취향에 맞는 식감으로 익었을 때 불을 끈 다음 그릇에 옮겨 담습니다.

Note
- 토마토 소스와 궁합이 좋은 문어를 사용한 정통 파스타입니다. 올리브의 짠맛이 소스의 맛에 깊이를 더해 줍니다.

Plat d'accompagnement — 잘 어울리는 사이드 메뉴

비스마르크풍 그린 아스파라거스

재료 — 만들기 쉬운 분량
- 그린 아스파라거스 6개
- 삶은 달걀(반숙) 1개
- 소금, 후추 조금씩

만들기

1_ 그린 아스파라거스는 밑동의 두꺼운 부분을 제거하고, 밑동 5cm 정도의 껍질을 채칼로 벗겨요. 랩에 싸서 전자레인지로 3분 정도 가열합니다.

2_ 그릇에 옮겨 담고 삶은 달걀을 올린 후 소금, 후추를 뿌려요. 삶은 달걀을 으깨 묻혀 가며 먹습니다.

굴과
시금치 크림 소스 →74쪽
Huîtres aux épinards

성게와 콜리플라워 크림 소스 →75쪽
Oursin et chou-fleur

굴과 시금치 크림 소스
Huîtres aux épinards

재료

콘킬리에 160g ▶ 대강 씻어서 물에 담가 불려요

[부]
굴(껍질 깐 것, 가열용) 350g
시금치 1/2단
▶ 큼직하게 썰어서 내열 용기에 넣고 살짝 잠길 정도로 물을 부은 다음 랩을 씌워 전자레인지로 2분 가열합니다. 그리고 물에 5분간 담갔다가 물기를 잘 짠 후 잘게 다져요. (a 참조).
양파 1/4개 ▶ 잘게 다져요

[A]
올리브유 1큰술
생크림 100㎖
화이트와인 100㎖
물 300㎖
소금 1/2작은술
후추 약간

[마무리]
생크림 100㎖

만들기

1_ 냄비에 A를 넣고 잘 섞은 다음 파스타 면과 부재료를 넣어요. 뚜껑을 덮고 중불에 끓이면서, 수시로 휘저어 가며 구입한 파스타 포장지에 표시된 조리 시간대로 푹 삶습니다.

2_ 뚜껑을 열고 2~3분 더 졸입니다. 국물이 높이 1cm 정도로 남고, 파스타 면이 취향에 맞는 식감으로 익었을 때 불을 끕니다.

3_ 마무리의 생크림을 넣고 재빨리 버무린 후 그릇에 옮겨 담아요.

Note
• 시금치를 잘게 다져서 허브처럼 씁니다. 걸쭉하고 진한 소스가 굴의 감칠맛을 놓치지 않고 감싸줘요.

랩은 헐렁하게 씌워요. 물론 그냥 데쳐도 좋습니다.

Plat d'accompagnement — 잘 어울리는 사이드 메뉴

당근 라페

재료 — 만들기 쉬운 분량

당근 1개 ▶ 채 썰어요
오렌지(수확 후에 농약을 치지 않은 것) 1개
▶ 껍질은 잘 씻은 다음 갈고, 과육은 흰 껍질을 잘 벗겨낸 다음 잘라요

[A]
레몬즙 1큰술
머스터드 가루 1큰술
올리브유 1큰술
설탕 1/2작은술
소금 1/4작은술
후추 약간

만들기

볼에 A를 넣고 섞은 후 당근, 오렌지 껍질과 과육을 넣고 잘 버무립니다.

*냉장고에 3~4일 보관 가능

성게와 콜리플라워 크림 소스
Oursin et chou-fleur

재료

- 스파게티(1.8mm) 160g ▶ 대강 씻어 물에 담가 불려요

부
- 콜리플라워 1/2개 ▶ 잘게 나눠요

A
- 올리브유 1큰술
- 토마토 주스(무염) 100㎖
- 물 400㎖
- 소금 1/2작은술
- 후추 약간

마무리
- 생 성게 80g
- 생크림 100㎖
- 영양부추(있으면) 적당량

만들기

1_ 냄비에 A를 넣고 잘 섞은 다음 파스타 면과 부재료를 넣어요. 뚜껑을 덮고 중불에 익히면서, 수시로 휘저어 가며 구입한 파스타 포장지에 표시된 조리 시간대로 푹 삶습니다.

2_ 뚜껑을 열고 2~3분 더 졸입니다. 국물이 높이 1㎝ 정도로 남고, 파스타 면이 취향에 맞는 식감으로 익었을 때 불을 끕니다.

3_ 마무리의 생 성게와 생크림을 넣고 재빨리 버무려요. 그리고 그릇에 옮겨 담은 후 영양부추를 뿌립니다.

Note
- 성게는 풍미를 살리기 위해 마무리 단계에 넣어요. 생크림과 섞여 남아 있는 열에 의해 걸쭉해진 부분을 먹는 것이 별미랍니다.

Plat d'accompagnement — 잘 어울리는 사이드 메뉴

루콜라와 생햄 샐러드, 발사믹 드레싱

재료 — 만들기 쉬운 분량

- 루콜라 4~5줄기 ▶ 한입 크기로 찢어요
- 생햄 4장 ▶ 반으로 잘라요
- 파르미지아노 레지아노 적당량 ▶ 얇게 깎아요

A
- 발사믹 식초 1큰술
- 올리브유 1/2큰술
- 소금, 후추 약간씩

만들기

그릇에 루콜라, 생햄, 파르미지아노 레지아노를 올린 후, 잘 섞은 A를 뿌려요.

마법의 면
Les nouilles magiques

파스타 이외의 건면도 같은 조리법으로 만들 수 있답니다.
지금부터 여러 나라의 전통 요리 레시피를 소개합니다.

다진 닭고기 팟타이 →78쪽
Pad Thaï

잡채 →78쪽
Japchae

국물 없는 탄탄면 →79쪽
Nouilles Dan Dan Mian à la Sichuanaise

다진 닭고기 팟타이
Pad Thaï

재료

팟타이 160g ▶ 대강 씻어 물에 담가 불려요.

[부]
- 다진 닭고기 100g
- 콩나물 1/2봉지
- 마른 새우 2큰술 ▶ 잘게 다져요.

[A]
- 오이스터 소스 1작은술
- 참기름 1큰술
- 남프라 1큰술
- 설탕 1작은술
- 치킨 스톡 1작은술
- 고춧가루 조금
- 정종 1큰술
- 물 450㎖
- 소금, 후추 약간씩

[마무리]
- 부추 1/3단 ▶ 3㎝ 길이로 썰어요.
- 땅콩(안주용) 2큰술 ▶ 굵게 부숴요.
- 레몬 빗모양썰기한 것 2조각

만들기

1_ 냄비에 A를 넣고 잘 섞은 다음 팟타이와 부재료를 넣어요. 뚜껑을 덮고 중불에서 익히면서, 수시로 휘저어 가며 구입한 팟타이 포장지에 표시된 조리 시간대로 푹 삶습니다.

2_ 뚜껑을 열고 1~2분 더 졸입니다. 국물이 높이 1㎝ 정도로 남고, 팟타이가 취향에 맞는 식감으로 익었을 때 불을 끕니다.

3_ 마무리의 부추를 넣고 재빨리 버무려요. 그릇에 옮겨 담은 후 땅콩을 뿌린 다음 레몬을 곁들이세요.

Note
- 팟타이는 태국식 볶음면입니다. 쫀득쫀득한 식감에 매콤달콤한 소스가 잘 어우러져 맛있어요.
- 팟타이를 구할 수 없을 때는 납작한 쌀국수 면으로 대체합니다.
- 기호에 따라 마무리 단계에 달걀 볶은 것을 넣으면 더욱 맛있게 즐길 수 있어요.

잡채
Japchae

재료

당면 160g ▶ 대강 씻어 물에 담가 불려요.

[부]
- 다진 소고기 150g
- 양파 1/4개 ▶ 얇게 썰어요.
- 당근 1/4개 ▶ 채 썰어요.
- 표고버섯 2개 ▶ 얇게 썰어요.
- 대파 5㎝ ▶ 잘게 다져요.
- 마늘 1쪽 ▶ 칼자루로 3~4회 빻아요.

[A]
- 참기름 1큰술
- 설탕 2작은술
- 간장 2큰술
- 정종 1큰술
- 물 450㎖
- 소금, 후추 약간씩

[마무리]
- 미나리 1/4단 ▶ 큼직하게 썰어요.
- 실고추(있으면) 적당량
- 볶은 흰깨 적당량

만들기

1_ 냄비에 A를 넣고 잘 섞은 다음 당면과 부재료를 넣어요. 뚜껑을 덮고 중불에 익히면서, 수시로 휘저어 가며 구입한 당면 포장지에 표시된 조리 시간대로 푹 삶습니다.

2_ 뚜껑을 열고 1~2분 더 졸입니다. 국물이 높이 1㎝ 정도로 남고, 당면이 취향에 맞는 식감으로 익었을 때 불을 끕니다.

3_ 마무리의 미나리를 넣고 재빨리 버무려요. 그릇에 옮겨 담은 후 실고추와 볶은 흰깨를 뿌립니다.

Note
- 마지막에 미나리 대신 채 썬 오이나 삶은 껍질콩을 넣어도 좋아요.

국물 없는 탄탄면
Nouilles DanDan Mian à la Sichuanaise

재료

인스턴트 라면의 면 2인분
▶ 대강 씻어 물에 담가 불려요

[부]
- 다진 돼지고기 150g
- 양념된 자차이 2큰술
- 청경채 1단 ▶ 줄기는 5cm 길이로 썰고, 밑동은 4~6등분합니다.
  잎은 3cm 너비로 큼직하게 썰어서 마무리용으로 사용합니다.
- 대파 5cm ▶ 잘게 다져요
- 생강 1/2쪽 ▶ 잘게 다져요
- 마늘 1쪽 ▶ 칼자루로 3~4회 빻아요

[A]
- 춘장 1큰술
- 두반장 1큰술
- 참기름 1큰술
- 치킨 스톡 1작은술
- 볶은 흰깨 1큰술
- 식초 1작은술
- 정종 1큰술
- 물 450㎖
- 산초가루 약간
- 소금, 후추 약간씩

[마무리]
- 대파 5cm ▶ 흰 부분만 써요
- 고추기름 적당량
- 산초가루(기호에 따라) 적당량

만들기

1_ 냄비에 A를 넣고 잘 섞은 다음 인스턴트 라면과 부재료(청경채 잎만 빼고)를 넣어요. 뚜껑을 덮고 중불에 익히면서, 수시로 휘저어 가며 구입한 라면 포장지에 표시된 조리 시간대로 푹 삶습니다.

2_ 뚜껑을 열고 1~2분 더 졸입니다. 국물이 높이 1cm 정도로 남고, 당면이 취향에 맞는 식감으로 익었을 때 불을 끕니다.

3_ 청경채 잎을 넣고 재빨리 버무려요. 그릇에 옮겨 담은 후 마무리의 흰 대파를 얹은 다음 고추기름과 산초가루를 뿌립니다.

Note
- 중국의 본고장 사천식 국물 없는 탄탄면. 매운맛을 내는 산초가루와 고추기름은 기호에 따라 양을 조절합니다.
- 춘장이 없을 때는 일본 된장 1큰술+설탕 1/2작은술로 대체할 수 있어요.

MAHO NO PASTA by Yuko Murata
Copyright © 2016 Yuko Murata, SHUFU-TO-SEIKATSU SHA LTD.
All rights reserved.
Original Japanese edition published by SHUFU-TO-SEIKATSU SHA LTD., Tokyo.
Korean edition copyright © 2016 by DONG A M&B Co.
This Korean language edition is published by arrangement with SHUFU-TO-SEIKATSU SHA LTD.,
Tokyo in care of Tuttle-Mori Agency, Inc., Tokyo through AMO AGENCY, Seoul.

이 책의 한국어판 저작권은 AMO 에이전시를 통해 저작권자와 독점 계약한 동아엠앤비에 있습니다.
저작권법에 의해 한국 내에서 보호를 받는 저작물이므로 무단 전재와 무단 복제를 금합니다.

냄비 하나로 뚝딱 만드는 초간단 레시피
마법의 파스타

1판 1쇄 인쇄 2016년 12월 13일
1판 2쇄 발행 2018년 1월 10일

글쓴이 무라타 유코
옮긴이 조민정
펴낸이 이경민

편집 최정미, 김세나
디자인 형태와내용사이

펴낸곳 ㈜동아엠앤비
출판등록 2014년 3월 28일(제25100-2014-000025호)
주소 (03737) 서울특별시 서대문구 충정로 35-17 인촌빌딩 1층
전화 (편집) 02-392-6903 (마케팅) 02-392-6900
팩스 02-392-6902
전자우편 damnb0401@nate.com

ISBN 979-11-87336-27-3
      979-11-87336-25-9(set)

1. 책 가격은 뒤표지에 있습니다.
2. 잘못된 책은 구입한 곳에서 바꿔 드립니다.
3. 저자와의 협의에 따라 인지는 붙이지 않습니다.
4. 이 도서의 국립중앙도서관 출판예정도서목록(CIP)은
서지정보유통지원시스템 홈페이지(http://seoji.nl.go.kr)와 국가자료공동목록시스템
(http://www.nl.go.kr/kolisnet)에서 이용하실 수 있습니다. (CIP제어번호 : CIP2016026675)